Klaus Gerosa/Erich Rauschenbach

DAS MACHO-BUCH

Klaus Gerosa

DAS MACHO-BUCH

mit Cartoons von Erich Rauschenbach

VERLAG ARTHUR MOEWIG

Originalausgabe

Umschlagentwurf und -gestaltung: Erich Rauschenbach
Verkaufspreis inkl. gesetzl. Mehrwertsteuer
Printed in Germany 1988
ISBN 3-8118-1035-9

Für Zora,
die mich auf den steinigen Weg
der Emanzipation gebracht hat.

Widmung

Liebe(r) Willi / Winfried / Frank / Guido / Gunnar / Siegmar / Viktor / Steffen / Chris / Sepp / Reinhold / Lars / Hein / Alexander / Ingo / Helmut / Hendrik / Thomas / Veit / Waldemar / Oliver / Rüdiger / Stefan / Franz / Gregor / Helge / Nino / Marvin / Boris / Gerhard / Hermann / Abel / Tobias / Marius / Zacharias / René / Eduard / Maik / Peer / Micha / Werner / Ralf / Markus / Rolf / Emil / Nick / Jo / Sascha / Nicolas / Martin / Hinrich / Leonhard / Stephan / Jonathan / Fritz / Gabriel / Gottfried / Niko / Lion / Benjamin / Wolfram / Ortrud / Willibald / Ansgar / Innozenz / Jack / Heinrich / Kristof / Patrick / Ronny / Friedrich / Gerold / Henri / Karl / Emanuel / Dietmar / Friedhelm / Benno / Reinhard / Till / Ingmar / Jim / Bertram / Gisbert / Sebastian / Florian / Arne / Arno / Konstantin / Ernst / Jakob / Heinz / Erich / Adolf / Torsten / Carsten / Albrecht / Gert / Elmar / Christian / Eberhard / Christoph / Günter / Ferdinand / Günther / Herbert / Johnny / Jan / Eddy / Kalle / Alfred / Heiko / Bernd / Armin / Gary / Sigi / Xaver / Henrik / Ted / Fiete / Simon / Adam / Jochen / Dieter / Gerald / Lukas / Robert / Abraham / Hans / Albert / Hubert / Nikolaus / Ludwig / Gerd / Alf / Alfons / Alois / Wolfgang / Wilfried / Arnold / Artur / Ulrich / August / Axel / Benedikt / Siegfried / Achim / Alex / Bert / Berthold / Ortlieb / Bill / Samuel / Bob / Bodo / Bruno / Carlo / Charly / Claus / Clemens / Daniel / Danny / David / Dennis / Detlef / Dierk / Dietrich / Donald / Eckehard / Edgar / Edmund / Edwin / Egon / Mario / Elias / Erik / Erwin / Eugen / Ewald / Fabian / Felix / Benny / Rainer / Hardy / Bernhard / Gustav / Hajo / Harald / Anton / Hartmut / Gernot / Jens / Hugo / Ignatius / Jupp / Jürgen / Kai / Karsten / Lorenz / Lothar / Luis / Jörn / Lutz / Malte / Konrad / Holger / Julian / Tim / Tom / Manuel / Marcel / Marco / Marcus / Marian / Marc / Mathis / Matthias / Max / Michael / Mike / Moritz / Niels / Kai / Nils / Norbert / Olaf / Olf / Oskar / Oswald / Otto / Pascal/ Paul / Peter / Philipp / Raimund / Andreas / Reimund / Reiner / Richard / Chris / Rick / Robby / Roger / Björn / Roland / Ronald / Harry / Georg / Kevin / Kurt / Leo / Leopold / Julius / Sven / Rudi / Hanno / Rudolf / Salomon / Siegmund / Bastian / Siggi / Sönke / Steve / Theo / Theobald / Joachim / Johannes / Jonas / Jörg / Joseph / Hartwig / Klaus / Toni / Udo / Ulf / Ulli / Urban / Uwe / Valentin / Volker / Volkmar / Toni / Walter / Wieland / Andi / Hauke / Wilhelm / Manfred / Knud / Theodor / Wolf / Wulf / mir nicht namentlich bekannter Herr / Frau / Freundin / Gegnerin / Geliebte ....!

Dieses Handbuch kann weder den Basis- noch den Leistungskurs des Macho-Wesens in der Praxis ersetzen. Es vermittelt dem Anfänger aber wesentliche theoretische Grundlagen und bietet zahlreiche lebensnahe Beispiele für die Anwendung in der Praxis. Der Fortgeschrittene dagegen wird feststellen können, daß selbst er noch dazulernen kann. Denn wie die neueste Macho-Forschung belegt, ist die Renaissance des Macho-Wesens bereits in schwungvoller, ja geradezu stürmischer Entwicklung! Durch das erfolgreiche Studium des nachstehend vorgetragenen Lehrstoffs werden selbst die unerfahrensten Leser – ja sogar Frauen (!) – in die Lage versetzt, das Macho-Wesen in seiner ganzen Tiefe zu verstehen. Im Leben ist es sowieso ganz anders.

—— Platz für persönliche Aphorismen / Ratschläge / Hinweise ——

Liebe(r).....
Ich (wir) hoffe(n) / wünsche(n) / forder(n) oder/und ...., daß Du (Sie) dieses Lehrwerk gewissenhaft / zumindest / wie üblich / oberflächlich bearbei(test/ten) / überflieg(st/en) / übergeh(st/en) / beherzig(st/en), damit Du (Sie) bereichert / fertiggemacht / geläutert wirst (werden), um dann das Wesen des Macho zu verstehen / zu verdammen / abzulegen / anzunehmen / zu verfeinern / zu imitieren oder/und ....

Mit freundlichem / höflichem / herzlichem / scheinheiligem / heuchlerischem / friedlichem / muffigem / motzigem / trotzigem / aufsässigem / unbeirrtem / (sau)blödem / eiskaltem / begeistertem / verlogenem / hingerissenem / lüsternem / hoffnungsvollem / ergebenstem oder / und .... Gruß
Dein(e) (Ihr) ansonsten Dich (Sie) liebende(r) / anklagende(r) / anmurrende(r) / bewundernde(r) / vergötternde(r) / anseufzende(r) / ansülzende(r) / anmachende(r) / nahestehende(r) / anhimmelnde(r) und/oder ....

☐ Freund(in)
☐ Gegner(in)
☐ Bewunderer(in)

(......................................) (......................................)
Ort, Datum Unterschrift in Druckbuchstaben

Zur Erinnerung / Mahnung / Aufforderung / Aufmunterung / Probe:

Telefonnummer: (......)......

Entschuldige, daß ich mich nicht konzentrieren kann, aber mir ist was Schreckliches passiert...
Ich hab heute erfahren, daß meine Frau mich betrügt.

Das Problem der Definition

Es ist an der Zeit, mit einer Fehlentwicklung in der Geschlechterbeziehung der letzten Jahrzehnte gründlich aufzuräumen: Rettet die letzten echten Machos, denn sie sind vom Aussterben bedroht! Sie gehören immerhin zu den sensibelsten Exemplaren der Gattung Mann. Vollkommen emanzipierte Frauen wissen, was sie an ihnen haben. Ein bißchen Nachsicht und Wissen um die Charakterzüge, Stärken und Schwächen dieser Sorte Mann – und schon haben sie es geschafft: Ein Universalgenie zur Bewältigung ihres Alltags steht ihnen bereit. Es repariert Waschmaschinen, tropfende Wasserhähne oder einen defekten Fön, holt bei Regen das Auto aus der Garage und verscheucht unangenehme Zeitgenossen, bezahlt Rechnungen, spielt den vollendeten Kavalier und wärmt an kalten Tagen ihre Füße. Das Fazit: Echte Machos sind besser als ihr Ruf!

Das Problem dabei ist, daß die Theorie grau ist und es im Leben immer anders kommt. Denn viele Mischformen bereichern nicht nur das Dasein, sondern erhöhen die Gefahr der Täuschung: Prolos, Yuppies, Müslis, Pseudos, Grufties, Softies, Pychos, Teds, Rocker, Skins, Punks und alle andern Normtypen können sich mit einem Macho vermischen . . . und das kann zu erheblichen Problemen führen. Noch dazu, wenn der Frauentyp nicht paßt.

Und dann das Schlimmste: Die Verwechslung mit einem echten Chauvi! Denn während ein Macho Typ Parzival tief in seinem Innern den Frauen ergeben ist und heimlich danach lechzt, seiner Traumfrau den Himmel auf Erden zu bereiten, ist bei einem echten Chauvi für die Frauen nichts mehr zu retten: Er hält sich tatsächlich für das Gelbe vom Ei – und jeder Versuch, ihn zu überzeugen, daß er ziemlich blaß aussieht, ist zum Scheitern verurteilt.

Dieses Macho-Buch soll nun dazu dienen, die edlen Tugenden und dräuenden Abgründe der Macho-Männerwelt aufzudecken. Wer dabei durch Selbsterkenntnis leidet, sollte sich eigentlich freuen: Bei ihm ist noch nicht alles verloren!

Auf einen einsamen Macho mag das Buch wirken wie Balsam auf seine zahllosen seelischen Wunden, die das Leben halt einem so schlägt. Zudem kann's ihm auch zum Ansporn werden, neue Versuche zu wagen, als ehrlicher Macho der Welt die Stirn zu bieten.

Wer das Werk dagegen in trauter Zweisamkeit liest . . . Vorsicht! Vorsicht vor verfrühten Diskussionen! Manches, was einem beispielsweise bei Seite 16 als unverdaulich hochkommt, könnte auf Seite 40 appetitlich und verdaulich angeboten werden.

Und dann die Zeichnungen, die Zeichnungen! Ist es nicht so, daß ein Bild mehr sagt als tausend Worte? Denken Sie daran: Wenn Sie zu zweit die Cartoons ansehen, verrät Ihr Lachen oder Nichtlachen vielleicht auch mehr als tausend Worte!

Ob und wenn ja, welcher Macho-Art Sie selbst zugeordnet werden (können), ergibt erst eine ehrliche Lagebeurteilung am Schluß! Genug der Vorworte. Sie haben das Buch schon mal in der Hand, jetzt blättern Sie gefälligst auch weiter!

Die Traumfrau

Jeder echte Mann ersehnt sie, will sie, erkennt sie. Einerseits ist sie das Thema Nummer eins zahlloser ernsthafter Männergespräche, andererseits fällt es Männern wahnsinnig schwer, sie auch nur annähernd zu beschreiben: sie, die Traumfrau . . .

Gesehen aber hat sie offenbar jeder schon einmal, so daß Einigkeit darüber herrscht, daß sie nicht nur traumhaft gut aussieht, sondern auch saaagenhaft sexy ist. Diese Mischung zwischen einer Partisanin und einer Krankenschwester (oder so etwas ähnlichem) weiß offenbar alles (ohne groß damit anzugeben), kann alles (was man will), macht alles Notwendige und auch ein wenig mehr, ist überall und immer einsetzbar und sehr personengebunden. Technikfreaks mögen jetzt an ein Schweizer Präzisions-Allzweckmesser denken – bei einem Vergleich mit ihm aber ist eine Traumfrau noch viel, viel besser!

Nehmen wir einmal an, man sitzt mit Freunden wie üblich in der Kneipe, völlig entspannt und deswegen mit dem Rücken zur Tür. Man trinkt so seine Bierchen, denkt an nichts und redet so vor sich hin . . . und plötzlich weiß man, daß SIE da ist.

Die Spannung liegt einfach plötzlich in der Luft, und man spürt so ein gewisses Kribbeln im Nacken oder am Rücken. Zuerst merkt man es an der Reaktion der Männer, die mit dem Gesicht zur Tür sitzen, und die dann unwillkürlich, oft mitten im Gespräch, diesen merkwürdig starren Blick bekommen. Bei manchen blockiert ein »A« mitten im Satz, und danach hängt der Unterkiefer wie ausgerastet nach unten. Unbedarfte glauben meist, der Betroffene denke gerade besonders intensiv nach. Bei anderen wiederum hemmt ein spontaner, nervöser Schluckreflex den Redeschwall oder auch Kauvorgang. Wie auch immer: Der Geräuschpegel im Raum sinkt innerhalb weniger Sekunden um mindestens ein Drittel der üblichen Phonzahl. Oder um noch mehr, denn wie an unsichtbaren Fäden gezogen wenden sich diejenigen Männer um, die bisher mit dem Rücken zum Eingang saßen, und reagieren ähnlich. Wenn jetzt noch vereinzelte Frauen halblaut abfällige, spitze Bemerkungen machen, dann ist der letzte Beweis erbracht: Sie ist da . . . SIE, die Traumfrau! Diese traumhafte Gestalt, diese Figur, dieses Gesicht . . . WOW! (Tiefes Einatmen!)

Manche Männer spitzen jetzt ihre Lippen, pfeifen aber nicht; eher zischend lassen sie die Luft zwischen den Lippen entweichen, so als wollten sie tellerweise heiße Suppe kühlen. Besondere Ignoranten feixen oder heben bedeutungsvoll eine Augenbraue an. Und ganz Eigenwillige schütteln eine Hand so locker im Handgelenk aus, als wollten sie, Kindern gleich, durch den erzeugten Luftzug die Schmerzen an ihren verbrannten Fingerspitzen lindern. Manchmal führen sie diese gar zum Mund und blasen dann darüber, dabei noch diabolisch grinsend.

Für diese und ähnliche Spezies der Männerwelt sind die folgenden Ausführungen völlig wertlos, sie sollten einfach überblättert werden!

Noch-Vollwert-Männer dagegen können den Blick nicht von ihr wenden. Allerdings hilft eine erfahrene Traumfrau auch etwas nach. Sie bleibt so lange in der Eingangstür stehen, bis selbst der Langsamste begriffen hat, daß sie da ist. Natürlich: Eine Traumfrau bleibt nicht einfach nur so »stehen«; nein, sie verharrt, verweilt, zögert . . . Auch mit ihren Blicken! Amor braucht Zeit zum Nachladen.

Doch schließlich geschieht es: Sie bewegt sich (Ahhh . . .), schreitet näher (Hoffnung), noch näher (Achtung! Jetzt sträuben sich bereits die Nackenhaare!), und dann . . . dann strahlt sie einen aus ihren himmelblauen (oder grünen?) Augen an:

Männer
Richtige
Männer

»Haben Sie noch einen Platz für mich frei?«

Hand aufs Herz: Was würden Sie jetzt sagen?

Humphrey-Bogart-Fans und Raucher haben es jetzt leichter. Reflexartig umklammern sie ihre Zigarette, nuckeln und ziehen daran, daß ihr Profil zum Einsatz kommt, nippen noch am Glas (links in der Hand), während sie mit zusammengekniffenen Augen in die Runde sehen, und dann quetschen sie zwischen den Zähnen ein »Na klar, Kleines« heraus.

Das ist wahnsinnig souverän, und solche Typen wirken einfach abartig cool. Das kann man ruhig mal neidlos anerkennen. Als Nichtraucher kann man höchstens am Daumen lutschen oder am Fingernagel knabbern. Als Brillenträger bleibt einem immerhin noch, die angelaufenen Gläser zu putzen. Das freilich wirkt irgendwie ein bißchen lächerlich, schlimmer noch: absolut dilettantisch.

Dabei trainieren Männer oft jahrzehntelang auf diesen einen, bedeutsamen Augenblick des kurzen Lösungswortes (zwei Buchstaben, quer: Zustimmung). Sie leiden sich durch Liebesromane, quälen sich in Fitneß-Centern, sehen heimlich alte James-Dean-Kassetten an und üben an flüchtigen Bekanntschaften.

Das alles, weil tief in ihnen die Angst verwurzelt ist, bereits im Vorfeld zu versagen. Denn was ist, wenn wider Erwarten doch einmal die Traumfrau erscheint, und es sitzt einem dann so ein Frosch im Hals, oder ein unsäglicher Kloß sperrt alle Stimmbänder?

Doch flüchten wir nicht ins Geschwafel der Theorie, sehen wir Tatsachen ins Auge: Als es endlich Uwe erwischte, haben wir ihm das von Herzen gegönnt. Nicht nur, weil er das Starmodell unserer Männerrunde war, wenn Sie verstehen, was ich meine. Also, er ist eben so ein Modellathlet, der mit seinem Hintern Nüsse knackt. Ein braungebrannter Surfer-Typ, bei dem jeder Hemdenverkäufer freiwillig immer die obersten vier Knöpfe aufmacht. Und der uns eigentlich immer eine Länge voraus war. Überall, verstehen Sie? Den Verschleiß, den er an Frauen hatte, haben wir ihm erst dann verziehen, als er uns seinen täglichen Streß gestanden hatte: Helga zum Tennis, im Anschluß dann die notwendigen Vertröstungen; Fritzi fürs Intellektuelle und fürs Theater, und dann das stressige Abwimmeln; Hanni fürs Bett, mit dem Gelabere am Morgen; und dann Eva zum Frühstück, die wissen wollte, ob er von ihr geträumt habe . . .

Uwe lechzte nach der Allroundfrau, nach dem Allzweckmodell, kurz: nach der Traumfrau. Und als sie schließlich da (und er aus unserer Runde weg) war, fühlten wir uns alle so aufgeregt-glücklich, vielleicht mehr als er; wie beneideten wir ihn, sprachen von ihm, lobten ihn . . . Einer von uns, wenigstens *einer* aus unserer Runde, hatte es geschafft! Irgendwie waren wir alle mächtig stolz auf ihn, denn wer kennt schon einen, der eine Traumfrau hat?

Doch eines Tages war Uwe wieder da: abgemagert, abgehärmt, geschrumpft. Kein Ring am Finger, aber welche unter den Augen. Sein Schock war der unsrige: Die Traumfrau – war weg! »Ja«, seufzte er, »aus der Traum! Dabei hatten alle gemeint, wir seien das Traumpaar!« (Tiefer Seufzer) »Bis ich eines Tages feststellte, daß ich ja der dazugehörige Traummann war . . .«

Als er unsere verständnislosen Blicke sah, redete er beschwörend auf uns ein: »Ihr müßt euch das vorstellen! Klar, zu einer Traumfrau paßt nur ein Traummann! Und ein

Traummann . . .« (Zweiter tiefer Seufzer) ». . .hat nicht nur traumhaft gut auszusehen, sondern auch saaagenhaft sexy zu sein . . . Ich sage euch: immer, jederzeit und überall!«

Die Runde schauderte es, sie rückte unwillkürlich enger zusammen. Ohne dies zu bemerken, stieß Uwe zähneknirschend hervor: »Nie sattessen dürfen! Immer auf die Figur achten! Immer fit und potent sein!!!«

Die letzten Worte hatte er, in höchster Erregung, fast geschrien. Man reichte ihm ein Glas Bier, das er in einem Zug leerte, als könne ihn das beruhigen. Doch sein Blick blieb trüb und düster, als er tonlos Kostproben seiner Peinigungen aufzählte:

Sport sollte er treiben – ja; doch dabei schwitzen – nein!

Belesen sollte er sein – ja; doch die Zeitung am Morgentisch – nein!

Geld sollte er haben – ja; doch gestreßt sein durch die Arbeit – nein!

Stets frisch sollte er aussehen – ja; doch einmal nachts durchschlafen – nein!

Uwes Blick begann zu flackern: »Immer und immer wieder . . . bestens angezogen, frisch gewaschen, duftend, agil, dynamisch, höflich, zuvorkommend, aufmerksam, liebevoll, sportlich, aggressiv, lasziv . . .!«

Uns brach der Schweiß aus. Bei James Bond hatte das immer so einfach ausgesehen,

aber schließlich brauchte der ja nur jeweils neunzig Minuten lang durchzuhalten, länger waren die Filme nie.

Uwe schluchzte herzzerreißend: Und die anderen Männer! Stets waren sie bestrebt, seiner Traumfrau zu Füßen zu liegen, und wenn nicht vor, dann zumindest neben oder hinter ihr. Auch er sei immer wieder darüber gestolpert, über die Füße der anderen – und dann auch über die eigenen. Und dann das stete Lauern dieser Beutegeier um ihn herum: ständig beobachtet, begutachtet, geprüft, abgeschätzt und gewogen. Warum hatte gerade *er* diesen Platz? Was waren seine Vorzüge, seine Stärken, seine Schwächen? Was brachte er mit, was hatte er zu bieten, was hob ihn eigentlich heraus?

Uwe war am Leitwolf-Syndrom erkrankt: Ständig mußte er nach echten und vermeintlichen Gegnern schnappen, ständig auf der Hut sein, ständig räudige Typen verscheuchen oder auch nur Neulinge, die es halt mal probieren wollten.

Sein Traum wurde zum Alptraum, seine Traumfrau zum Alp.

Dabei blieb sie sich selber einfach treu, und mit ihren himmelblauen (oder grünen?) Augen, die einfach deshalb so groß und treu schauten, weil sie kurzsichtig (Minus 4,5 dp) waren, brauchte sie einfach ständig einen festen Halt im Leben. Und daß sie traumhaft schön war, wußte sie im übrigen wohl am besten: Nach zwei bis drei Stunden vor dem Spiegel kann man schon stolz auf die eigene Arbeit und die Kosmetikindustrie sein.

Traumhaft waren dann auch die Rechnungen, nicht nur für die Produkte der letztgenannten. Unsere Runde stöhnte weidwund auf. Manch mitleidige Träne glitzerte im Auge, kummervoll schüttelten wir die Häupter.

Wie hatte er sich nur so täuschen lassen können! Denn alle seine Erzählungen wiesen doch zweifelsfrei darauf hin, daß es sich eben doch nicht um eine Traumfrau gehandelt hatte. Schließlich wäre ja letztlich kein einziges Kriterium einer wahren Traumfrau (siehe vorne, zweiter Absatz) erfüllt gewesen . . .

Es war ein hartes Stück Arbeit, bis wir Uwe wieder aufgebaut hatten und er das Bild eines Surf-Typen bot, der . . . na, Sie wissen schon. Er war richtig glücklich, als er sich das letzte Mal mit dem Ärmel über seine Schniefnase wischte und dankbar das nächste Bier annahm, das ihm wieder einer wortlos über den Tisch geschoben hatte: Na los, alter Junge, Kopf hoch! Das nächste Mal klappt es bestimmt . . .

Wahre Freunde, das weiß man doch, sind einfach »das Beste auf der Welt«!

Der gute Uwe. Wenn der geahnt hätte, daß wir nicht ihn getröstet hatten, sondern er uns. Nicht, daß wir nicht gewußt hätten, daß Träume, die sich zu erfüllen beginnen, keine mehr sind. Oder daß wir mit unseren »Normalfrauen« von vornherein wußten, daß Träume eben nur Schäume sind.

Aber ernsthaft: Wer von uns hätte sich gerne als Schaumschläger bezeichnen oder bei einer solchen Tätigkeit erwischen lassen wollen?

Uwe hat gelernt. Jetzt findet er es schon Klasse, daß die Gabi weiß, daß er immer zwei Stückchen Zucker in den Kaffee will und viel Milch; oder daß sie ruckzuck den zerrissenen Ärmel genäht hat; oder daß sie den Fred gestern kühl abblitzen ließ, anschließend aber besonders nett zu ihm war.

Vielleicht stimmt es, daß jeder Mann von einer Frau träumt, die daheim die treffliche Hausfrau, auf der Straße die Dame und im (eigenen) Bett die Kurtisane ist . . .

Eben von einer Traumfrau!

Macho oder Nicht-Macho?

Der kleine Macho-Bildungstest

Mit den nachfolgenden Weisheiten erhalten Sie nicht nur die Gelegenheit, Ihr Allgemeinwissen um einige Aphorismen zu erweitern, sondern auch noch die Chance, Ihren Bildungsstand mittels eines in nächtelanger Kleinarbeit ausgetüftelten Tests einer unfehlbaren Zerreißprobe zu stellen.

An seinem Wissen werdet ihr ihn erkennen, den Macho!

Also: Von wem stammen die folgenden Zitate? (Nur eine Antwort ist richtig, Lösung und Auswertung auf S. 24)

1. »Für mich gibt es nur zwei Arten von Frauen – Göttinnen und Fußmatten.«

a) Martin Bangemann ☐
b) Joseph Beuys ☐
c) Pablo Picasso ☐
d) Heino ☐

2. »Eine Frau ist etwas für eine Nacht. Und wenn es schön war, noch für die zweite.«

a) Gottfried Benn ☐
b) Johannes Mario Simmel ☐
c) Donald Duck ☐
d) Charles Bukowski ☐

3. »Die Frau ist kein Genie, sie ist dekorativer Art. Sie hat nie etwas zu sagen, aber sie sagt es so hübsch.«

a) Gotthold Ephraim Lessing ☐
b) Wolf Biermann ☐
c) Oscar Wilde ☐
d) Peter Alexander ☐

4. »Geist macht Frauen alt.«

a) Friedrich Nietzsche ☐
b) Hans-Dietrich Genscher ☐
c) Maggie Thatcher ☐
d) Giacomo Casanova ☐

Entweder du machst sofort mit deinem Typen Schluß, oder ich betrüge dich mit meiner Frau

5. »Wenn eine Frau oft in den Spiegel schaut, ist es vielleicht nicht Eitelkeit, sondern Tapferkeit.«
a) Udo Lindenberg ☐
b) Mark Twain ☐
c) John Wayne ☐
d) Rita Süssmuth ☐

6. »Wenn Frauen Aufsehen erregen möchten, veranstalten sie am besten einen Schweigemarsch.«
a) Dieter Thomas Heck ☐
b) Karl Farkas ☐
c) Leo Tolstoi ☐
d) Rosa Luxemburg ☐

7. »Die Frau ist ein menschliches Wesen, das sich anzieht, schwatzt und sich auszieht.«
a) Voltaire ☐
b) Karl Marx ☐
c) Alice Schwarzer ☐
d) Jane Fonda ☐

8. »Durch das Schaffen des Mannes kommt Geld ins Haus, durch das Wirtschaften der Frau geht das meiste hinaus.«
a) Xenophon ☐
b) Xylophon ☐
c) Telefon ☐
d) Grammophon ☐

9. »Selten denkt das Frauenzimmer; denkt es aber, taugt es nichts.«
a) Gerd Müller ☐
b) Oskar Lafontaine ☐
c) Gottfried Keller ☐
d) Friedrich Nietzsche ☐

10. »Was kann dümmer und schändlicher für die Frauen sein, als die modernen Gespräche von der Gleichheit der Geschlechter oder sogar von der Überlegenheit der Frauen gegenüber den Männern?«
a) Simone de Beauvoir ☐
b) Otto Waalkes ☐
c) Leo Tolstoi ☐
d) Helmut Kohl ☐

11. »Dein Wille soll deinem Manne unterworfen sein, und er soll dein Herr sein.«

a) Ronald Reagan ☐
b) Franz Josef Strauß ☐
c) Muammar el-Khadhafi ☐
d) Moses ☐

12. »Tausend Frauen wiegt das Leben eines einzigen Mannes auf.«

a) Julius Caesar ☐
b) Roland Kaiser ☐
c) Euripides ☐
d) Boris Becker ☐

13. »Des Weibes Unverstand rennt immer vor des Mannes weisen Rat voraus.«

a) Erasmus von Rotterdam ☐
b) Gloria von Thurn und Taxis ☐
c) Friedrich von Schiller ☐
d) Jan von nebenan ☐

Lösung

Lösungen: Für jede richtige Antwort (1 c, 2 a, 3 c, 4 a, 5 b, 6 b, 7 a, 8 a, 9 d, 10 c, 11 d, 12 c, 13 c) erhalten Sie einen Punkt.

Auswertung: Sind Sie ein echter Macho?

11–13 Punkte
Gratulation! (Oder haben Sie geschummelt und im Lexikon gespickt?) Jetzt haben Sie den Beweis, daß Sie ein rechter Spruchbeutel sind; ein Fels in der Brandung flachen Denkguts, die letzte Festung des Kultur-Machotums gegen ein Heer von Banausen und Ignoranten. Ehrlich gesagt: Sie wissen zuviel! Sie wollen ernsthaft ein Macho sein? Sie, der Sie unmöglich jemals Zeit für Frauen gehabt haben können? Sie, als Leseratte, Brillenschlange, Bücherwurm? Was Ihnen fehlt: ein Macho-Rehabilitationsprogramm und eine feste Freundin!

7–10 Punkte
Brav. Da haben sich die Nachhilfestunden in Literatur eben doch noch ausgezahlt. Eine sexy Lehrerin haben Sie aber nicht gehabt. Ihre Punktzahl läßt allerdings vermuten, daß Sie Konsument abgelutschter Erotik-Klassiker und amouröser Spruchsammlungen sind. Ein reiner Theorie-Macho. Nicht weinen, nicht aufgeben! Frisch ans Werk und flott geflirtet!

3–6 Punkte
Ach herrje! Eine halbe Portion: halbgebildet oder halbverbildet. Aber Sie fuhren bisher offensichtlich gut mit der Devise: »Bildung ist, was übrigbleibt, wenn man alles vergessen hat, was man in der Schule gelernt hat!« Wahrscheinlich fiel Ihnen immer der Klassiker aus der Hand, wenn ein knackiger Po am Fenster vorbeiwackelte. Richtig erraten haben Sie auch nicht gerade viel. Na, was soll's: Pech im Spiel, Glück in der Liebe.

0–2 Punkte
Eine schöne Bescherung! So schlecht kann man ja eigentlich gar nicht sein! Wollten Sie nicht – oder waren Sie anderweitig beschäftigt? Gut, Sie setzen in Ihrem Leben eben andere Prioritäten als das Sprüche-auswendig-Lernen. Okay, dann erklären Sie eben weiter Ihrer Freundin, daß Voltaire ein französisches Stromkabel, Garibaldi ein italienischer Schnellkochtopf und Picasso eine spanische Spielkarte sind. Andererseits finden viele das wiederum Spitze an Ihnen: daß Ihnen das alles völlig wurscht ist. Denn Sie sind ein wahrer Macho! Ihre Qualitäten aufzuzählen, hieße, dieses Buch mit Leichtigkeit auf den Index jugendgefährdender Schriften zu bringen. Aber vielleicht täuschen wir uns auch, und Sie sind bloß kurzsichtig!

Auch Männer brauchen ein Zuhause

Der Streit war kurz, die Reue lang.

Am siebten Tag packte ihn das heulende Elend. Natürlich weinte er nicht. Er doch nicht – als echter Mann! Als er aber die Bescherung in der Küche sah, mußte er schon hart schlucken: Die übergelaufene Milch war als schwarze Kruste am Elektroherd festgebrannt, und die Kartoffeln . . . oje!

»Das glaubt mir keiner«, hatte er entgeistert gedacht, als er den Topfdeckel hob, um nachzusehen. Denn da flammte es noch aus den zu Asche zerfallenen Kartoffeln auf: ein kleines Feuerchen auf holzkohleähnlicher Grundlage. Der Topf selbst klebte auf der rotglühenden Herdplatte. Andere eingeschaltete Platten heizten als Infrarotstrahler den Raum. Er stellte die Schalter auf Null. Da sich nichts tat, riß er hastig, aber entschlossen das Anschlußkabel aus der Wand – natürlich mit der kompletten Steckdose.

Wäre er bloß nicht ans Telefon gegangen! Dann hätte ihn nicht sein Chef erwischt, der darauf bestand, sofort ein Firmenproblem zu klären. Aber hätte er ihm etwa sagen sollen: »Lösen Sie Ihr Problem jetzt mal selbst, ich koche gerade meine Kartoffeln«?

Lächerlich!

Und so hatte er rund dreißig Minuten am Telefon verbringen müssen und die Katastrophe schon zu ahnen begonnen. Was erträgt man nicht alles für die Sicherung des eigenen Arbeitsplatzes! Doch locker ein eingeäschertes Mittagessen oder einen kaputtgekochten Topf.

Heiliger Murphy! Es ging auch alles schief. Und das bereits seit über einer Woche.

Angefangen hatte alles mit diesem frustrierenden Grundsatzstreit mit seiner Angetrauten. Was hatten ihn ihre ständigen Motzereien genervt:

»Duuu, du kannst das ja überhaupt nicht ermessen! Mach duuu mal den Haushalt! Versorg duuu mal das Kind! Kümmere duuu dich mal um den Hund! Da wirst du schon sehen, wo du bleibst!«

Herrgott! Wie er diese Auseinandersetzungen haßte! Mußten Frauen denn immer gleich hysterisch werden? Das bißchen Haushalt! Gutgutgut . . . das Kind schreit ab und zu. Klar, das nervt. Und auch der Hund muß mal raus. Klar, kostet Zeit. Aber das alles ist doch nicht die Welt!

Typisch Frau: unfähig zur Organisation!

Wieso koppelte sie nicht Hunde-Lauf-Bedürfnisse mit Kind-Frischluft-Ausfahrten? Wieso organisierte sie nicht ihren Haushalt besser – beispielsweise mit einem Netzplan?

»Rita«, hatte er mühsam beherrscht gesagt, »Rita, das ist doch nur eine Frage der Organisation! Du mußt dir abends, bevor du ins Bett gehst, einfach alles aufschreiben, was du am nächsten Tag machen mußt. Und das Ganze ordnest du dann schön nach Schwerpunkten.«

Väterlich tröstend hatte er noch seinen Arm um ihre Schultern gelegt. »Mach doch täglich nur fünf Minuten lang eine Lagebeurteilung. Mit Zeitbedarf, Pufferzeiten, Reservezeiten. Mach dir einen Netzplan . . . ja, wie soll ich dir das jetzt kurz erklären . . . Weißt du, das ist so eine Art Einkaufszettel. Aber nur für die Arbeit und nicht für Milch, Butter und den ganzen anderen Käse. So ein Netzplan muß ja gar nicht lang sein: klein, einfach, übersichtlich. Klar? Ein bißchen Planung, und schon hast du es einfacher . . .«

Ihre Flennerei hatte ihn ganz fickerig gemacht. Herrgott, wenn er in seinem Job auch

nur *einmal* so emotional-chaotisch wäre: Furchtbar! Wie würden sich da sein Chef, der Steinberger, oder der Hönig und der Goldmann das Maul zerreißen! Nicht auszudenken!

Was aber hatte SIE darauf gemeint? Der Steinberger und der Goldmann wären ihr nun völlig wurscht. »Und der Hönig«, hatte sie geschluchzt, »der ist doch geschieden! Da siehst du gleich, wie weit es mit uns noch kommt!«

Herrrrrgotttttt!

Es ging ihm doch gar nicht um die Kollegen, sondern einfach nur um ein Beispiel. Es ging um Planung. Um l-o-g-i-s-c-h-e-s D-e-n-k-e-n!

Na ja. Er hatte nachgegeben. Wieder mal. Großherzig. Was will man als Mann da schon machen?

»Ritalein«, hatte er gesagt, »Ritalein, diskutieren bringt uns nicht weiter! Ich finde, du mußt mal raus. Brauchst mal Abstand. Und ich zeig' dir mal, wie ich das so meine!«

Doch was hatte er sich damit eingebrockt!

Nicht nur, daß er ihr den Flug nach Mallorca organisiert, sie sogar noch zum Flugplatz gebracht und mit Küßchen verabschiedet hatte. Er hatte ihr auch noch 'nen ordentlichen Scheck spendiert! Quasi zum »Muttertag außerhalb der Reihe«.

Aber die Idee war wohl nicht so gut gewesen. Er hatte einfach die Gesamtlage der Familie nicht richtig gecheckt. Denn Tochter Valery hatte sich offenbar kurz vorher in der Schule mit Masern angesteckt. Sohn Hansi rutschte eben ins Trotzalter, probte den Aufstand. Hund Karo litt an chronischem Durchfall. Und dann erst der Haushalt: ein erschütterndes Beispiel schlimmster Desorganisation!

Aber was hätte er machen sollen? Nachdem er schon A gesagt hatte, würde er auch noch B in jedem Fall meistern! Wäre doch gelacht!

Jetzt war er seit einer Woche im Streß. Die ersten drei Tage war er zwischen Wohnung, Arbeitsstätte, Arzt, Kindergarten, Tierarzt und Supermarkt hin und her gehetzt.

Bei so einer Fremdbestimmung war natürlich keine eigene Planung wirksam. Er beschloß, jetzt seine Überstunden in der Firma, die ihm als Freistunden gutgeschrieben worden waren, zu nehmen. Dann hätte er die notwendige Zeit, eine neue Struktur in

diesen Haushalt zu bringen. Er bekam zwei Tage frei. Also ran an das häusliche Chaos!

Doch die Zeit verging wie im Fluge, ohne daß er bemerkte, daß sich irgend etwas änderte. Im Gegenteil: Er blickte weniger durch als am Anfang.

Eigentlich war alles beim alten geblieben. Ein Tag glich dem anderen. Abends sank er völlig fertig ins Bett. Viel Zeit blieb ihm nicht für seine Alpträume. Weil Valery regelmäßig bereits um fünf Uhr jämmerlich weinte. Es jucke sie so. Alles täte ihr weh. Tröstend hatte er sie jedesmal umarmt. Gestern hatte er vor dem Spiegel gestanden und kleine rote Pusteln an seiner Schulter entdeckt. Er würde doch zu allem Überfluß nicht etwa ...? Nein, Masern hatte er als Kind schon gehabt.

Nach reiflicher Überlegung fällte er den Entschluß: Um den Haushalt wirklich einmal gründlich reorganisieren zu können, brauchte er Zeit. Damit er Rita in zwei Wochen den Laden tipptopp übergeben konnte. Konsequent beschloß er, sich in der Firma offiziell krank zu melden.

Sein Leid im Haushalt wuchs indessen an. Hatte er es frühmorgens einmal erreicht, daß die Kinder rechtzeitig geweckt, angezogen, abgefüttert und befriedet waren, sorgte Karos Durchfall für Aufregung. Vom Kinderzimmer aus vernahm er aus dem Wohnzimmerr dieses knatternde, pflatschende, unverwechselbare Geräusch.

Pflatsch!! Pflatschpflatsch!!

Diesmal hatte es der Hund sogar bis in den Flur geschafft. Es stank brutal. Entsetzt betrachtete er die breiige, dampfende, braune Bescherung auf dem Teppichboden. Herrgott! »Karo! Komm' hiiiierher! *Kommst du wohl her!* Pfui!« Die Eierkocher-Uhr in der Küche begann zu läuten: Eigentlich hatte er frühstücken wollen. Wollte er nun harte oder weichgekochte Eier? Natürlich weiche. Also nichts wie in die Küche. Karo folgsam hinterher. Die braunen Tapper im Flur fielen ihm erst auf, als er Hansi in den Kindergarten fahren wollte. Also: Kommando zurück. Pappkarton, Wassereimer, Lappen geholt und gewischt. Hansi stand einstweilen plärrend vor der Haustür. Der Hund hatte ihm die neue Quietschente aus der Hand gerissen. Also ins Wohnzimmer zum Hund, Quietschente entreißen (»Auuus! Aus!!!! Gibst du her!!!!«), Hund dann noch von der Couch verjagen und zeigen, wer hier der Oberhund ist. Hansi weinte herzzerreißend. Das Telefon im Arbeitszimmer klingelte. Schnell hin! Er stolperte über die Tennistasche und stieß sich am Telefontisch. Karo folgte auf dem Fuß. Bettelte um Versöhnung. Um ihn loszuwerden, schmiß er einen seiner Tennisbälle in die hinterste Flurecke. Karo flitzte los. Er hob den Telefonhörer ab. Im Flur bremste Karo seinen Spurt auf dem Teppichboden. Rrrrrrratsch. Irgend etwas riß. Dann ein dumpfer Knall – das Mistvieh! Hansi weinte.

Er horchte angestrengt in den Hörer hinein, schirmte mit der Hand die Sprechmuschel ab: »Ja ... ach, Sie sind's! ... Vielen Dank für Ihre Nachfrage. Wie es mir geht?« (Husten) »Ja ...« (Würgen) »Schon wieder besser ...« (Ächzen) »Glaube nicht, daß ich die nächsten Tage wieder fit bin ...« (Röcheln) »Den Arzt kenn' ich.« (Husten). »Danke, ist gut ...«

Der Hund knuddelte ihn am Hosenbein und versuchte, ihn durch Kratzen an der Wade auf den apportierten Tennisball aufmerksam zu machen.

»Ja ... Sie können mich ja jederzeit zu Hause anrufen ... Ja.« (Würg) »Ich stelle das Telefon neben das Bett ... Ja ... Alles klar! Wiederhören ... Danke!«

Die Zeit lief! Hörer auf die Gabel, Ball wieder wegwerfen, Hansi beruhigen: »Wir

Wenn ich nüchtern bin, hasse ich sie!
Nach ein paar Gläschen geht's mir jedes Mal gleich viel besser
Im Grunde ist sie immer noch eine verdammt reizvolle Frau...
Wenn ich ehrlich bin, bin ich noch richtig verliebt in sie...
Ich sollte jetzt auf der Stelle zu ihr gehen und mit ihr schlafen!
Aber wenn ich besoffen bin, haßt sie mich.

fahren gleich!«, für Valery ein »Tschüß, Papi kommt gleich wieder. Gell, brav bleiben!«, in der Küche die Schalter kontrollieren, Jacke überwerfen, Hausschlüssel? Geld? Papiere?, Hansi an die Hand, »Karo, komm! *Kommst du her?«,* raus aus der Wohnung, Hund und weinenden Hansi ins Auto, Hund nach hinten, »Mach Platz!«, Kindersitz-Klettverschluß auf, Hansi rein, Klettverschluß abgerissen, Knot-Übungen, Herrrrrgotttttt, fährt Hansi halt ohne Gurt.

Nervöse Rundblicke: »Hoffentlich sieht mich keiner vom Büro, sonst ist alles aus.«

Elf Uhr! Um zehn hätte Hansi im Kindergarten sein sollen. Ist eh schon alles egal. Also noch schnell in den Supermarkt. Valery wollte ja noch den Zwieback. »Den mit den Plastiktierchen!« Herrgott: Keine Ahnung, welche Marke!

Rein in den Supermarkt. Sonderangebote, Musikgesülze, Frauenauftrieb.

»Können Sie nicht aufpassen, Sie Trampel, Sie!« »O, Verzeihung!« Er war mit seinem dreirädrigen Einkaufswagen der etwas beleibten Hausfrau mit dem unmodischen blauen Hut in die Hacken gefahren.

Wo ist Hansi? Hansi war vor den kleinen farbigen Modellautos stehengeblieben. Nicht von der Stelle zu bewegen: angehängt, festgeklebt, angewurzelt. »Will haben!«

»Nein, Hansi!«

Hansi stampfte mit dem Fuß: »Doch! Will haben!«

»Nein!!«

Nur nicht nachgeben. Auf keinen Fall. Eisern bleiben. Sonst machen die Kinder ja mit einem, was sie wollen. Wichtiger Merksatz! Hatte er Rita immer wieder gesagt.

Hansi begann zu heulen. Hielt sich am Stand fest. Mußte weggezogen werden. Schließlich ging es ums Prinzip!

Es war peinlich! Hansi weinte, schrie, tobte. Kopfschüttelnd ging die mit dem blauen Hut vorüber. Eine andere mit hochtoupierten Haaren starrte ihm nach, betont naserümpfend. Eine Verkäuferin blickte ihn voll Mißachtung an. Der reinste Spießrutenlauf. Ein Flüstern hinter ihm: »Der schlägt sein Kind!« Verächtlich die Fleischverkäuferin hinter der Theke, als sie nach seinen Wünschen fragte. Er spürte, daß sie am liebsten hinzugefügt hätte: »Sie Kindesmißhandler!«

Hansi weinte herzzerreißend, vom Spielzeug zum Wurststand bis hin zur Kasse. Er spürte die Blicke aller anwesenden Frauen im Rücken: »Kindsmörder!«

Dann war es geschafft. Endlich waren sie draußen auf dem Parkplatz. Hansi lachte. Er klebte Hansi eine. Hansi weinte.

»Hööööög, Sie da! Da hat's einer nötig, ein kleines Kind zu schlagen!«, moserte der Penner, der die Einkaufswagen zusammenschob.

Dann endlich im Kindergarten.

»Jetzt bringen Sie den Hansi schon wieder so spät in den Kindergarten, Herr Machowski! Da können's ihn ja gleich in die Nachmittagsgruppe tun. Der hat ja gar keinen Kontakt mehr zu den anderen, wenn's des jeden Tag so machen. Also, wenn Ihre Frau das wüßte . . . Nee!«

Auch das noch! Die Kindergärtnerin mußte unbedingt beruhigt werden. Er murmelte verlegen etwas von absoluter Ausnahmesituation, kriegsähnlichen Zuständen, Epidemien, einer kaputten Einspritzpumpe.

Hab ich richtig verstanden? Ab sofort weigerst du dich, für mich zu kochen?
So ist es.
Bist du dir da auch ganz sicher?
Absolut!
Ist das wirklich dein allerletztes Wort?
Exakt!
Danke!

»Aber abholen tun's den Hansi schon pünktlich! Ich hab' keine Lust, wieder bis acht hier rumzusitzen so wie gestern. Ich hab ja schließlich auch so etwas wie Freizeit. Es sind immer die Männer, die ihre Kinder so spät abholen. Das nächste Mal pünktlich! Ist das klar?«

Er nickte beflissen. »Ja, ja. Ich schaff's sicher rechtzeitig!«

Ein Uhr. Valery! schoß es ihm durch den Kopf. Nichts wie nach Hause!

Zu Hause war zu seiner Verwunderung keine neue Katastrophe geschehen. Also Pause.

Pause. Er löffelte die kalt gewordenen Eier. Zum Kochen hatte er keine Lust. Trübsinnig starrte er auf seinen Netzplan:

* *60-Grad-Wäsche waschen, Korb 1-2*	* *Bettwäsche vom Mangeln abholen*
* *Wohnzimmer saugen*	* *Pflanze im Kinderzimmer umtopfen*
* *Pflanzen gießen*	* *Abspülen*
* *Abendessen für Valery kochen*	* *Arzt anrufen*

Frustriert las er die Spalte *Sonstiges* durch. Da stand am meisten. Dann trug er neu ein:

* *Teppichboden, Flur – a) Reinigungsmitttel kaufen, b) reinigen*
* *Blumen für Kindergärtnerin – a) besorgen, b) mitbringen, Termin 18.00 s.t.*

Die Spalte *Zeitbedarf* war mindestens schon zehnmal überklebt. Auch sie starrte er längere Zeit an, dann rechnete er. Stöhnte leise auf: Wieder waren alleine für diesen einen Tag rund 27 Arbeitsstunden zusammengekommen. Ohne eine einzige Pause, nicht mal Schlaf!

Er ertappte sich dabei, daß er unwillkürlich nach dem kleinen Zettel mit Ritas Telefonnummer suchte. *Für Notfälle* stand oben drüber . . .

Nach zwei Wochen holte er Rita vom Flugplatz ab. Er war bleich, aber gefaßt. Die Kinder waren sauber, gesund, lieb und bescheiden. Der Hund ging bei Fuß und wedelte freundlich-kontrolliert mit dem Schwanz.

Rita war vollkommen baff, besonders als sie zu Hause war. Die Wohnung war sauber, hell und freundlich. Die Küche blitzte, das Bad strahlte. Überall der Duft wilder Limonen. Der Teppichboden war porentief rein, die Pflanzen knackig grün und gesund.

Rita im Wunderland! Fasziniert und ehrfürchtig schaute sie sich um.

Während er sich im Flur gerade diszipliniert die Straßenschuhe anzog, läutete das Telefon. Rita hob den Hörer ab: »Hallo? Ach, Du bist's!«

Als sie nach einiger Zeit zu ihm ins Wohnzimmer trat, wo er bleich, aber gefaßt im staubfreien Sessel lag, lächelte sie ihn verschmitzt-verständnisvoll zu:

»Mutti war's. Schönen Gruß. Sie kommt schnell auf einen Sprung vorbei. Will nur ihre Putzmittel abholen, die sie gestern vergessen hat!«

Des Widerspenstigen Zähmung

Regeln für den Macho-Fang

Angenommen, es gibt da so ein Prachtstück von Mann. Nehmen wir weiter an, er sei zudem ein echter Macho. Einer von der überzeugten Sorte. Einer, den sein Macho-Sein nicht schmerzt.

Eines Tages passiert es doch. Das Unerwartete: Er verliebt sich ernsthaft in eine Frau. Und damit nicht genug: Das Paar heiratet auch noch! Für seine Freunde wahrlich ein harter Schicksalsschlag. Teilten sie doch mit ihm jahrelang die Weisheit: Niemand kauft wegen eines Glases Milch die ganze Kuh.

Eine Geschichte, direkt aus dem Leben gegriffen. Immer wieder werden Männer, die man als tapfere, aufrichtige Machos kennt, von Frauen ruckizucki in den Ehestand verschleppt. Was heißt, daß auch der stärkste Macho einmal schwach wird. Oder daß Frauen unglaublich stark sein können.

Machos sind also nicht unverwundbare Hagestolze, sondern durchaus erjagbare Beute. Offensichtlich kommt es nur auf die richtige weibliche Taktik an – und dann ist ER völlig hilflos ihren Wünschen oder seinen Schwächen ausgesetzt.

Nur Charakterschwache stimmt das Resultat schadenfroh: Zum sichtbaren Ring am Finger gesellt sich ein unsichtbarer durch die Nase!

Aber Hand aufs Herz, liebe Machos: Wer hat sich nicht schon einmal mit klammheimlicher Freude aus der anstrengenden Machowelt herausholen lassen? Jahrelang mit heimlicher Sehnsucht nach den wärmenden Filzpantoffeln geschielt und sich nachts mit heimlichen Seufzern nach Streicheleinheiten gesehnt, ohne wieder die große Macho-Pirouette im Bett drehen zu müssen? Naaaaaa?

Also, Frauen, frischauf zum Halali!

Pfiffige Dompteusen, die sich einen Macho fangen und zähmen wollen, müssen die Grundregeln dazu kennen.

Die erste Regel: Nutze seine positiven Eigenschaften!

Das ist nicht nur trickreich, sondern ein Prinzip des Judo . . . der sanften Kunst des »Siegens durch Nachgeben«. Dieses Vorgehen ist bestens geeignet für den Frauentyp Rehauge. Selbst wenn sie einen Macho um den Finger gewickelt hat, darf sie offiziell niemals siegen. Er hat dann eben nach seinem Macho-Grundprinzip entschieden: »Der Klügere gibt nach.«

Doch den Rehaugen-Frauen sollte man nicht verheimlichen: Diese Methode ist zwar gut für schnelle Anfangserfolge – aber auf Dauer grauenhaft anstrengend!

Die meisten Macho-Jägerinnen nützen schamlos die Arglosigkeit der Machos nach dem Motto: »Von hinten durch die Brust ins Auge!« (Zweite Grundregel)

Pirschen Sie sich unauffällig an den Macho an. Seien Sie so cool, daß er Ihr Interesse an ihm nicht wittert . . . Echte Machos sind da total sensibel!

Bleiben Sie cool, wenn Sie sich als »Objekt seiner Begierde« präsentieren, als die

Ich hab eben beschlossen, daß ich irgendwas ganz Neues anfange!
Ich weiß noch nicht, was, aber irgendwas mach ich!
Vielleicht kauf ich mir 'n Motorrad, oder ich mach 'n Segelschein ...
Auf jeden Fall mach ich was, was ich noch nie gemacht hab!
Wie wär's denn mit Schuhe putzen?

Herausforderung des Jahres, als das letzte aller menschlichen Probleme. Ihr Blick ist völlig desinteressiert. Ihre Haltung ist purer Frost, die kälteste Polarnacht gleicht dagegen einer lauen Maiennacht.

Welcher Macho würde da nicht aufs höchste entflammen! Aber Achtung, wenn er feurig-begeistert anbeißt! Ihr Blick muß wie kältester Stahl schneiden, wenn Sie ihn kühl und entrückt taxieren und dann – abblitzen lassen! Üben Sie diesen Blick, als wollten Sie Humphrey Bogart persönlich in die Knie zwingen!

Und bleiben Sie hart: Keinesfalls darf er spüren, daß *Sie* es sind, die auf der Jagd ist. Das würde seine ganze Phantasie, seine ganze Kreativität, seinen ganzen Ehrgeiz wegwischen.

Raffiniert baut die Jägerin kleine Hindernisse vor ihm auf, die es zu überwinden gilt. Seine Instinkte wie Abenteuerlust, Pioniergeist und Organisationstalent werden geweckt . . . und mit dem Rausch der Gefühle selbst unbestimmte Warnsignale zugedeckt.

Und noch eine dritte Grundregel: Vermeiden Sie, zumindest in der Anfangsphase, alle Handlungen nach dem Motto »Typisch Frau« . . .

Merksätze zum Macho-Fang

* *Frauen: Texte dosieren!*

Das Vorurteil kennt jeder Macho: »Ein Mann, ein Wort – eine Frau, ein Wörterbuch!« Sein Mißtrauen ist also enorm! Jede routinierte Macho-Jägerin Typ Rehauge verringert in der Kontakt-Anfangsphase (K.A.) ihren Wortschatz auf: »Ja«, »Phantastisch, Schatz!« und »Ganz wie du willst, Liebling!« Gut für Sponti-Erfolge: Wegen dieser zarten Scheu und liebreizenden Zurückhaltung wird sie vom Macho in der K.A. mit Charme überhäuft. Nachteil: Später, in der Gewöhnungsphase (G.P.), verliert der Macho das Interesse und wird zum Schlaffi. Machos Traumfrau ist cool. In der K.A. wird empfohlen: Eisige Ablehnung bis zum spröden Interesse (ungefähr so, wie ein Käfersammler eine gepreßte Fliege betrachten würde).

* *Frauen: Intimgeheimnisse nicht der Freundin erzählen!*

Vorurteil: Frauen schwatzen, labern, ratschen. Männer dagegen informieren, tauschen aus, kommunizieren. Ist also was ganz anderes!

Ist doch auffällig, wenn die Freundin ihn schon beim ersten Treffen auf seine Fehler anspricht. Oder ihm die Wirkung von Ginseng, Sellerie, Knoblauch oder rohen Eiern erklärt. Ehrlich: Trauen Sie Ihrer Freundin?

* *Frauen: Bitte nicht nörgeln!*

Ein echter Trennungsgrund für den sensiblen Macho:

»Hab' ich dir nicht t-a-u-s-e-n-d-m-a-l gesagt, du sollst deine Socken aufräumen!«
»Wie oft habe ich dir schon gesagt, daß du wenigstens e-i-n-m-a-l den Mund halten sollst!«
»Laß mich doch nur e-i-n-m-a-l ausreden!«
»Das hätte ich dir g-l-e-i-c-h sagen können!«
»Du hast ja i-m-m-e-r noch nicht abgespült!«

* *Frauen: Nicht immer gleich Tränen!*
Auch hier gilt: Allzuviel ist ungesund! Dosieren Sie Ihr Augenwasser, Machos fürchten sich vor Gefühlen! Klug eingesetzt verursachen Tränen den echten bio-strahlenden Augenglanz und Machos Zuneigung. Vorsicht jedoch vor echten Tränenbächen: Sie verraten zuviel Gefühl! Vielleicht ist er das gar nicht wert?

* *Frauen: Schlußstriche ziehen!*
Sind Sie eine Frau mit ausgeprägtem Gedächtnis, trainieren Sie Vergessen: Nichts hassen Machos mehr als spöttisch-pingelige Nachweise von Jugendsünden:

»Hast du die Irene gesehen? Die hat ja einen Hintern bekommen, dagegen ist jedes Brauereipferd schlank!«

* *Frauen: auf Haltungskosten achten!*
Achten Sie auf sein Gesicht, wenn es nach einem Restaurantbesuch oder Einkaufsbummel so eigenartig zuckt!

Gefahr ist in Verzug, wenn er die Lippen zusammenpreßt, nachdem er seinen Kontoauszug abgeholt hat. Achten Sie jetzt verstärkt auf seine Komplimente, beispielsweise: »Ach, meine Teuerste!«

Alarmstufe eins: Im Nobelhotel zittert seine Hand, kalter Schweiß steht auf seiner Stirn. Bei Rechnungen fächert er zögernd Kreditkarten auf.

Die kluge Frau weiß: Machos finden Geld spannend. Doch wird durch sie die Spannung zu groß, brennt er durch.

Also: Bringen Sie von Zeit zu Zeit möglichst auffällig kleinere Markbeträge ins Haus.

** Frauen: Technik ist Ihnen kein Geheimnis!*
Studien weisen nach, daß Frauen beim Autofahren weniger Unfälle verursachen. Klar: Jeder Macho weiß, daß Männer, sobald eine Frau am Steuer in Sichtweite ist, Abstand halten.

Und sein Vorurteil, daß Frauen nicht mal Glühbirnen eindrehen könnten! Weisen Sie ihm nach, daß er nicht einmal die Papprolle beim Klopapier wechseln kann! Überhaupt: Lassen Sie sich nichts gefallen! Verwickeln Sie ihn in ein technisches Fachgespräch, beispielsweise über Computer oder Autos, und werfen Sie cool und locker mit Fachausdrücken um sich. Sie brauchen ihm nicht zu verraten, daß Sie sich drei Stunden von einem Informatik-Studenten haben einweisen lassen (nur 45 Mark)! Da ist der Studenten-Schnelldienst weit preisgünstiger als der Friseur – und es bringt mehr!

** Frauen: Make-up heißt: mach's ab!*
Make-up-Gekleistere macht jeden Macho fertig. Er schwärmt für die Natur. Offiziell. Macho-Jägerinnen vermeiden, daß er es mitbekommt. Egal, ob wilde Frische oder die laszive Verworfenheit bevorzugt wird: Sein Blick auf Lockenwickler wirft Sie um Monate zurück! ER ist ja so sensibel! (Schließlich schaut er auch einem schwitzenden Koch nicht stundenlang zu, nachdem er sich ein Dinner bestellt hat.)

** Frauen: Machos nicht überfordern!*
Machos haben auch Angst. Denn manche Frauen wollen die Quadratur des Kreises, auch bei einem Mann. Aber was versucht er nicht alles! Er ist ihre Staffage, ihre Zier: Prächtig-lässig-elegant soll er magisch die Blicke anderer Frauen anziehen, während SIE die neidvollen genüßlich einheimst. Natürlich darf Er umgekehrt die Konkurrenz keines Blickes würdigen. Nur SIE allein darf er im Auge haben – ohne gleichzeitig auf der Karriereleiter ins Leere zu treten. SIE fordert, daß er sie auf Händen tragen soll, obgleich er dazu aber nur eine Hand frei hat: Mit der anderen soll er dicke Schecks unterschreiben . . .

Natürlich, so sagt SIE, hat er die Hosen an – und ahnungsvoll befürchtet er, daß SIE damit nur die Spendierhosen meint. Selbst die stolzesten Machos fürchten sich vor einer solchen Behandlung. Aber zugeben würden sie das natürlich nie!

Eine erfahrene Macho-Jägerin kennt diese Ängste natürlich und belohnt jeden kleinen Fortschritt mit Lob: »Ein Tropfen Honig ist besser als ein Faß voll Essig.« Der alte Pestalozzi, der den Spruch erfunden hat, wäre völlig verblüfft, wenn er wüßte, wie selbst ausgebuffte Machos immer wieder darauf hereinfallen!

Merke: Ansprüche gemächlich hochschrauben. Zeit lassen!

Für eine Frau, die sich nicht selbst aufgibt, ist ein echter Macho eine Lebensaufgabe.

Der Mann, den sie Müsli nannten

Stimmengewirr, Gläserklirren, lautes Gelächter. Etwa zwanzig Männer im Alter um die Vierzig hockten im Nebenzimmer des »Schwarzen Adler«, und wenn's auch keine Seeleute waren: Die Wogen gingen hoch!

»Klassentreffen« stand auf der Schiefertafel vor dem Eingang, und aus dem Gewieher und Gegröle konnte man schließen, daß die vorgebrachten Anekdoten sich nicht unbedingt an dem Niveau der allerletzten Lateinstunde orientierten.

Aber um Latein ging es, zumindest um Jägerlatein. Beredt wurden reihenweise Böcke geschossen, ach was: ganze Rudel . . . samt den Geisen! Aber eigentlich ging es schließlich wie damals um die Hasen. Und je mehr die Stunden verrannen, desto dreister wurden die Geschichten. Mit dem Bierpegel im Faß sank auch das Niveau. Längst hatte man die Sakkos ausgezogen, die Kragenknöpfe gelöst und die Schlipse gelockert.

Roland, mit rotem Gesicht und verschwitztem Haar, hieb mit der Faust auf dem Tisch. »Na, und die Sylvia von der 13b, die ist jetzt mit 'nem Banker verheiratet! So 'nem kleinen Dicken. Aber was sag' ich: Immerhin wohnt sie jetzt in Blankenese, immerhin!«

Dröhnendes Gelächter in der Runde, es folgten spöttische und frivole Sprüche. Schließlich war die blonde Sylvia für die meisten der Runde schon eine echte Erfahrung gewesen. Eine Schüler-Erfahrung über Damen, die von den alten Herren immer als »lieb, aber teuer« bezeichnet wurden. Der Thomas hatte sie damals beim Klassenfest angeschleppt . . . Im offiziellen Programm der Schule hatte er damals nur eine »Überraschung« angekündigt, des »Pfadfinders letzte Prüfung«! Am nächsten Tag hatte dann das Lehrerkollegium stundenlang beraten . . . Ach ja, das waren Zeiten!

Die Runde schwelgte in Erinnerungen. »Weiß eigentlich einer, was aus dem Thomas geworden ist?«

Franz war der einzige, der die Hand hob: »Na, der hat doch vor Jahren geheiratet. Dann soll er auch aus seinem Managerjob bei der Modell-Agentur ausgestiegen sein!«

Richard kicherte: »War ihm wohl zu stressig!«

Die Runde prustete los. Schließlich war Thomas der große Stenz, der Obergockel der 13a gewesen. Stets nach dem neuesten Schrei gekleidet und ein Profi in Sachen »Frauen aufreißen«. Als Vorzeige-Macho hatte er immer mehrere Frauen parallel beschäftigt; war mal eine verhindert, um ihm zu Füßen zu liegen, hatte er gleich die nächste Telefonnummer zur Hand. Zum großen Neid aller hatte er damals im Abi-Jahr auch besagte Wette gewonnen, die später jahrelang zum sagenhaften Vorbild aller Jungenklassen wurde! Eine Woche lang wollte er täglich eine neue Frau aufreißen, um sie dann am selben Tag mit zu sich nach Hause zu nehmen! Der Gag der Wette: Sein damaliger Wettgegner Franz durfte die jeweilige Haarfarbe der »Frau des Tages« festlegen. Na ja, und so ging der Montag mit blond an, Dienstag wollte er rot sehen, Mittwoch schwarz, Donnerstag brünett, Freitag braun – und Samstag grau! Es ging dabei nicht nur um Ruhm und Ehre und um satte hundert Mark: Der Verlierer hatte sich auch einen Abend intensiv um Rubi zu kümmern. Ein absoluter Horrortrip! Rubi hieß eigentlich Ulrike: Ihre Körperfülle hätte selbst einen Rubens überwältigt! Na ja . . . Thomas hatte damals gemeint, daß er dem Franz solchen Spaß wirklich gönnen und er sich deswegen doppelt anstrengen würde! Zu Wettzeugen waren jeweils drei, vier Schüler der Klasse bestimmt worden. Als Wettprüfer fanden sie sich täglich »rein zufällig« am Ort des Geschehens ein, um Thomas bei der

Aufreiße aus nächster Nähe zu beobachten. Der krönende Abschluß war dann, daß die jeweilige Tagesfrau mit zu Thomas' Bude fuhr. Die Wette war erfüllt, wenn hinter ihr die große Glastüre des Mietshauses abgeschlossen wurde! Weitergehende Vorschläge mit einem Logenplatz unterm Bett wurden von Thomas abgeblockt: Das ginge denn doch zu weit.

Den Wunsch von Franz nach einer grauhaarigen Frau am Wochenende fanden die meisten zwar hart, aber unglaublich geschickt! Doch Thomas hatte damals gelächelt und die Wette per Handschlag besiegelt. Drei Tage später hatte er sich an die Arbeit gemacht: Montags griff er sich 'ne Blonde auf 'ner Fete, Dienstag schleppte er 'ne Tizianrote aus 'ner obskuren Kneipe ab, Mittwoch belaberte er 'ne Schwarze in der Disco – und so fort.

Am Montag darauf war Franz extrem sauer, als er zähneknirschend die hundert Mäuse herausrücken mußte: Denn am Samstag war Thomas mit einer älteren grauhaarigen Frau ins Theater marschiert. Die hatte ihn auch öffentlich und gutgelaunt in der Theaterpause auf die demonstrativ hingehaltene Wange geküßt!

Beobachter war damals Richard. Er mußte sich zwar durch ein ganzes Kulturstück durchgruseln, durfte dafür aber der versammelten und höchst gespannten Klasse das Wett-Endergebnis mitteilen.

»Hehehehe, weißt du noch, Franz? Aber Kuß war Kuß, grau war grau, und Frau war Frau!«

Wie damals zog Franz ein dämlich-schiefes Gesicht, wie damals prustete die Runde schadenfroh los: »Gib's doch zu, das war doch echt Spitze! Hatte doch der Thomas damals seine Hausmeisterin überredet, mit ihm ins Theater zu gehen! Dem Thomas ein Prost, egal, wohin es ihn verschlagen hat! Prost!«

Karl, gegenüber der Eingangstür sitzend, hob gerade wieder einmal schwungvoll den Bierkrug, als sich seine Augen plötzlich tellergroß weiteten. Er setzte den Steinkrug so hastig und hart auf, daß die Runde aufblickte, zur Tür sah – und verstummte. »Nein! Das darf doch nicht wahr sein!«

Dem einen stockte die Rede, der andere erstarrte in der Bewegung. Es war aber nicht der Geist Hamlets oder eines Paukers, der da in der Tür stand! Es war Thomas – oder war er es doch nicht? Sollte das wirklich Thomas sein . . . einstmals der tuffste Macho, der schnellste Feger, das einst so bewunderte Vorbild aller 13a-Mümmler?

Der Mann, der in der Tür stand, erinnerte eigentlich nur nach Größe und Gesichtszügen an Thomas, den einstigen Jungmacho: Die Erscheinung trug einen beigefarbenen selbstgestrickten Pullover und ein weißes Indienhemd locker über der lila Leinenhose. Die ganze Figur war damit schlaffaltig zugedeckt; wäre er schwanger gewesen – man hätte es nicht feststellen können. Das Nepaljäckchen in den bunten Farben hatte er locker über die Schulter geschwungen, locker wallten auch Haupthaar und Bart. Und ebenso locker schritt er mit seinen Gesundheitssandalen zur Tafel der Fassungslosen: »Hallo, Jungs, tut mir leid, daß ich zu spät komme! Mußte noch meine Frau von einem Weiterbildungskurs abholen und nach Hause fahren!« Er faßte in die Jute-statt-Plastik-Tasche. »Zur Bereicherung des Abends: Radieschen aus dem eigenen Garten! Vitamine zur Stärkung eurer Arbeitskraft! Biologisch-dynamisch-ungespritzt!«

Das Geschrei übertraf alles, was bisher gebracht worden war! Thomas! Unglaublich! Ein irres Gelächter und Gejohle hub an! Roland, der einst mit Thomas in derselben Bank gesessen war, hatte seinen Schlips heruntergerissen und rang zwischen Lachanfällen atemlos nach Luft: »Schaut euch den Thomas an! Ein echter Müsli!!! Er ist ein echtes Müsli geworden!!!«

Richard, der Benjamin der Klasse und heute ein Banker, lag halb über dem Tisch, hämmerte immer wieder mit der flachen Hand auf die Tischplatte: »Ojeeee! Thomas, der Traum aller Frauen! Radieschen! Volldynamisch . . . dynamisch . . . damisch!!!«

Selbst Karl, einst Klassenprimus und heute ein fast strohtrockener Versicherungsmanager, lachte meckernd: »Die Inkarnation der Alternative! Es ist nicht zu fassen . . .! Thomas als Paradox. Wie lebt es sich denn unter dem Pantoffel?«

Auch Franz war zutiefst erschüttert: »Was ist aus dir geworden, Thomas . . .? Das hätt' ich nie von dir gedacht . . . Ein Aussteiger. Ein grüner Müsli . . . Mein Gott, was nicht alles passieren kann!«

Erst nach vielen, vielen Minuten ebbte der Lärm ab, nachdem sie alle Thomas »zerrissen« hatten: Thomas als Müsli, als Pantoffelheld, als Verräter an der Männerwelt!

Doch der hatte inzwischen Platz genommen, wie selbstverständlich an der Stirnseite des langen Tisches. Er nahm sein Bier zur Hand, lächelte milde und sagte mit einer sanften, leisen Stimme in die Stille, die er mit einer zarten Bewegung seiner linken Hand schuf: »Zum Wohle . . .« Und während die Gemeinde amüsiert glucksend andächtig schluckte: »Na, ihr Penner! Was paßt euch denn nicht an mir?«

Holla, das fuhr in die Glieder, dieser markige Bundeswehrton. Roland verschluckte sich sofort, hustete schrecklich. Aber das war zweifelsfrei der originale Thomas! Den er eigentlich nie hatte leiden mögen, seit der ihm damals die Gerti ausgespannt hatte . . .

Thomas lächelte schrecklich. »Na, da hab' ich doch nicht viel versäumt bei euch.« Er blickte die Tafelrunde entlang, hob das Kinn. »Immer noch der alte Herdentrieb? Immer noch die Pauschalmeinungen?«

Er fixierte einen nach dem anderen: »Hallo, Franz! Der erfolgreiche Abteilungsleiter bei den Montana-Werken. Verheiratet, zwei Kinder, Eigenheim, 12-Stunden-Tag. Immer noch mit der kleinen schwarzhaarigen Sekretärin zusammen?«

Franz schoß empört empor, wenn auch mit hochrotem Kopf? Aber Thomas war schon beim Nächsten: »Roland. Bestes Tuch, Respekt! Metallwaren-Großhandel. Zehn Stunden am Tag Schrauben und Stahlstifte! Ist das nicht sagenhaft? Hallo, Richard. Sogenannter Journalist! Die Frauenkolumne im Goldenen Blatt. Jeden Abend unterwegs, Schickis befragen. 16 Stunden Blabla. Alkohol, Nikotin, Streß. Zweimal geschieden . . .«

Die Männer waren so verstummt wie damals zur Zeit der 13a, wenn Thomas sie bei bestimmten Anlässen herausgefordert hatte.

Und wie damals war es Franz, der stellvertretend die Herausforderung annahm: »Na und? Schau dich doch selbst mal an. Was bist du geworden? Früher warst du wenigstens ein Knacketyp. Gute Sprüche gerissen, reihenweise Frauengeschichten gehabt und uns beigebracht, wie's so läuft. Und heute? Schau dich doch im Spiegel an! Ein verheirateter Müsli bist du geworden, völlig unter den Pantoffeln, ein echter Triefel . . . Du wirst hier noch etwas sagen wollen!«

Thomas lächelte milde. »Wenn man euch schon mal alleine läßt! Nichts hinzugelernt, was? Schaut euch mal selbst an, Männer: Da malocht ihr wie wahnsinnig, vielleicht 10, 12, 14 Stunden am Tag. Dann seid ihr fertig. Kommt nach Hause – und? Familienstreß. Daß die Frau Meier von nebenan jetzt von ihrem Mann ein Auto geschenkt bekommen hat. Oder daß die Frau Müller einen Pelzmantel hat. Und eure Kinder: Die wollen nur Kohle. Bringen schlechte Noten mit aus der Schule. Zu Hause drehen sie brutal laut ihre Musik auf. Keine Ruhe, keine Anerkennung. Und in der letzten Freizeit noch die Wünsche der Vereinskollegen. Kein Wunder, daß dann auch noch die Frau fremdgeht. Ihr ist es so langweilig, sagt sie, aber wenn ihr ihr etwas vom Geschäft erzählt – das interessiert sie nicht . . . aber beschimpfen, das könnt ihr euch lassen!«

Thomas lächelte mokant. »Und warum macht ihr das? Warum tut ihr euch das an? Ich sag' es euch: Weil ihr euch habt weismachen lassen, daß ihr die Oberhäupter der Familie seid. Weil ihr als Männer angeblich alles bestimmen könnt. Weil ihr als Machos und selbst als Pseudomachos Vorbild sein müßt.«

Karl hob die Hand, räusperte sich. »Ja, also . . . sag mal, wie kommst denn du dann so durchs Leben? Schließlich warst du ja, ehrlich gesagt, der größte Macho von uns allen!«

Thomas lächelte überlegen. »Als sich meine Frau emanzipierte, habe ich sie nicht bekämpft, sondern gefördert. Und jetzt . . . jetzt stehe ich zwar auch um sieben Uhr auf, aber nur, um ihr das Frühstück zu machen, bevor sie in die Firma geht. Um halb acht bringe ich die Kinder in die Schule, und dann hab' ich frei, bis etwa ein Uhr. Wenn die zwei Mädchen zurückkommen, helfen sie mir beim Essenkochen. Ihre Mutter legt großen Wert darauf, daß sie in frühester Jugend unabhängig werden . . . Sie sollen es besser haben, nicht das Gefühl der Abhängigkeit entwickeln, nicht am Futtertrog warten müssen. Nachmittags besuche ich meine Kumpels, alles Hausmänner, Billard oder Squash. Offiziell auch Kurse, schließlich will meine Frau keinen blöden Mann. Und zum Tennis gehe ich mittwochs und donnerstags. Krafttraining ist montags, dienstags und freitags. Ich trainiere selbstverständlich meine Figur! Für meine Frau ist mir nichts zuviel. Im Sommer

liege ich im Schwimmbad. Für leichte Bräune. Wenn sie abends heimkommt, so um sieben oder acht Uhr, dann gehen wir noch weg, ins Restaurant. Kann ihr ja doch nicht zumuten bei ihrem Job, daß sie dann noch das Küchenleben mitbekommt, abspülen und so – und meine schlechte Laune ... Bei ihrem Verdienst ist das schon drin. Natürlich sorge ich mich um alle, passe auf, daß keiner überfordert wird ... Ihr wißt ja, wie es so zugeht im Leben!«

Da saßen sie vor ihm, andächtig, gefesselt, sperrten Mund und Ohren auf. Nachsichtig-mitleidig begutachtete Thomas seine ehemaligen Schulkameraden, grinste: »Na ja, man muß schon Kompromisse schließen. Hab' schon oft Diskussionen über den Paragraphen 218 mitgekriegt, besonders mittwochs« (er lachte auf) »und freitags. Da muß ich auch alleine ausgehen. Denn da trifft sich bei uns die Frauengruppe. Aber ...«, Thomas grinste so breit wie damals in seinen besten Tagen, »ich bin ja soooo tolerant! Davon habe ich schon einige von der Frauengruppe überzeugt. Und, ehrlich gesagt, in unserem Alter, da reichen doch zwei sturmfreie Abende. Oder nicht?«

Die Männerrunde starrte ihn sprachlos-fassungslos an. Thomas zuckte die Achseln: »Mein Müsli-Look ist dabei die beste Tarnung, die ich mir nur vorstellen kann!«

Wahnsinn, Wahnsinn mit Methode! War das nicht bärenstark? So ein durchtriebener Profi, der Thomas – nur er konnte so etwas bringen! Die ersten anerkennenden Sprüche kamen von Richard. Dann schloß sich einer nach dem anderen an: »Ist das nicht irre? Wieso sind denn wir nicht schon darauf gekommen! Mensch, das könnten wir ja auch einführen ...« Die Phantasie war grenzenlos, gnadenlos wurde schwadroniert! Franz, der erst extrem sauer auf den Hinweis mit der Sekretärin reagiert hatte, zog schließlich den Bierkrug heran, klopfte auf den Deckel: »Toll! Lieber Thomas, einfach großartig! Du schlägst uns wie damals: wieder um Längen! Jetzt aber los, alter Halunke, sag uns deinen Trinkspruch!«

Thomas griff nach seinem Glas, lächelte fein. »Kameraden, da will ich euch nicht enttäuschen. Aber jetzt muß ich noch eine Erklärung abgeben: Als junger Spund habe ich mich von euch ganz schön in diese Casanova-Rolle drängen lassen. Ehrlich: Sie hat mich ziemlich hohl und auch fertig gemacht. Dabei ist mir auch viel verlorengegangen: Obgleich wir im gleichen Alter waren, war ich damals nicht mehr wie ihr in der Lage gewesen, mich ernsthaft zu verlieben, ›himmelhoch jauchzend‹ oder auch ›zu Tode betrübt› zu sein ... Da ist mir viel entgangen. Ich konnte mich auch nicht über neue Eroberungen freuen! Beziehungen waren für mich eine ständige Lüge. Zugegeben: Ich war nicht kräftig genug, euren Wunschvorstellungen zu widerstehen, die ich in meiner Rolle damals verwirklichen mußte ... Na ja – und als wir uns nach dem Abi alle trennten, da mußte ich mich erst von diesem Klischee befreien. Da hatte ich jahrelang so meine Probleme. Bis ich glücklicherweise meine heutige Frau traf. Ich habe deswegen lange überlegt, ob ich zum Klassentreffen kommen sollte. Schließlich ahnte ich, was ihr von mir erwarten würdet ...«

Thomas hob das Glas gegen die Runde. »Ihr habt den ›Thomas der 13a‹ aus eurer Jugendzeit erwartet. Aber da das einzig Beständige der Wandel ist, nun ein Hoch auf die Wahrheit: Ich bin gerne verheiratet, gehe mit Absicht nicht fremd, und die Kleider hier, die habe ich mir für heute extra ausgeborgt!«

Wer die Wahl hat …
Das beste Modell vom Heiratsmarkt

Es begab sich in jener Zeit, da Marc (39) erkannte, daß es nicht gut für ihn sei, daß er allein bleibe.

Die Erkenntnis überfiel ihn just in jenem Augenblick, da er mit tauben Sinnen wieder einmal ein köstlich Schnellgericht aufschäumte.

Marc muffelte in die Terrine.

Vor Tagen hatte der letzte aus seiner Männerclique geheiratet: »Klar Marc, Frauen sind ein Problem. Aber kennst du 'ne andere Möglichkeit, an einen Stammhalter zu kommen?«

Marc kratzte sich am Kopf.

Da war es wieder, das alte Problem: Selbstverwirklichung, Kinderwunsch ... Gen-Spielerei!

Alles toll, alles erstrebenswert, aber: eben nur mit einer Frau möglich.

Doch was blieb letztendlich? Nur das Wasserbad-Geschnetzelte? Und das noch fast wie im richtigen Leben: Verpackung super, Inhalt Geschmackssache.

Wie bei Marion: Super Aussehen, 92-68-92! Hätte die wenigstens ihren Mund halten können, wenigstens in Gesellschaft ... Aber so: echt peinlich!

Oder Petra? Peppig, aber brutal kostenintensiv! Noch immer packte ihn das Grausen, wenn er an die letzte Rechnung beim Chinesen dachte. Die einzige Rettung war damals das Plastikding von DINERS gewesen. Und am Schluß war das Ganze noch 'ne glatte Fehlinvestition: zuerst satt, dann schlapp. Man sagt ja gar nichts, wenn ... aber so?

Und das lebenslänglich?

Nee ...

Marc seufzte. Die einzige, die er sich im Ernstfall gerade eben noch als Ehefrau (Ogottogott: was für ein Wort!) vorstellen konnte, war Gerda. Ganz flotter Typ. Gutaussehend, sportlich und einiges unterm Pony.

Tja, die ... die hätte er »fixieren« sollen – damals vor sechs Jahren. Da wollte sie, unbedingt. Aber da gab's ja auch noch Gabi, Leila und die Inge. Na ja!

Irgendwie war damals alles leichter, einfacher gewesen, einfach besser! Nicht so wie heute, sechs Tage vor seinem 40. Geburtstag.

Lebensplanung. Das war's!

Marc beschloß, es anzugehen. Aber wenn schon Frau angesagt war, dann nur »die Eine«. Wenn schon Wahl, dann nur die erste. Wenn schon Ehe, dann nur eine spitzenmäßige. Keine Kompromisse!

Als Mann muß man da schon seinen Verstand gebrauchen!

In eine Ehe, da tappt man als Mann nicht einfach so hinein wie in eine x-beliebige Zufallsbekanntschaft!

Was Kompromisse bringen, das kann man doch in jeder Statistik sehen: Fast jede zweite Ehe in der Bundesrepublik wird geschieden! Und was bleibt: nichts als Scherben und ein angeknackstes Selbstbewußtsein!

Das konnte und wollte Marc sich nicht leisten. Einmal knallhart zur Ehe entschlossen, brachten ihm aber selbst Zielgruppen-Feldversuche bei Stewardessen oder auch Squash-Mädchen nichts. Zu hoch waren Fehlerquote, Zeit- und Geldaufwand.

Nur ein Weg schien ihm der richtige: der zum Kiosk!

Samstagsausgaben verschiedener Tageszeitungen waren die erste Investition. Dann

WAS GIBT'S DENN HEUTE ZU MITTAG?
WAS ESSEN WIR DENN HEUTE ABEND?

WAS MACHEN WIR DENN ANSCHLIESSEND?
WAS GIBT'S DENN ZUM FRÜHSTÜCK?

einige Stunden Arbeitszeit, um zwischen dem Immobilienteil und dem Kraftfahrzeugmarkt mal nachzusehen, was derzeit im Angebot war.

Das Ergebnis seiner Marktanalyse: Das 21jährige Widdermädchen, das eine nette, seriöse männliche Bekanntschaft suche und auch nur auf Bildzuschriften reagieren wolle – uninteressant.

Und auch die 31jährige Mädchenfrau (was zum Teufel das auch immer sein sollte), die nur einen Gentleman suchte, an dem sie »Großzügigkeit und Seriosität« schätzen konnte – geschenkt!

Was waren auch schon Kleinanzeigen? Großformatige Angebote mußten es sein, nur die signalisierten Finanzkraft und echte Einsatzbereitschaft:

Ich mag nicht länger warten auf den Zufall, daß wir zwei uns begegnen. Vielleicht haben sich unsere Blicke schon einmal verfangen, doch Ort und Zeit ließen nicht mehr zu. Ich suche Dich, den großen, schlk., sportl., ansehnl. Mann, 34-43 J., m. Grips u. Herz, humorv., feinfühlig, charakterf., berufl. engagiert und fin. unabh., viels. int., der sich, wie ich, eine Partnerschaft wünscht, die auf Ehrlichk., Vertrauen, Verständnis, viel Nähe und Wärme basiert; ohne Einschränkung od. Verlust d. eig. Persönlichkeit. Wenn Du Dir zutraust, auch meinem netten 15j. Sohn ein guter Freund werden zu können, tierlieb bist, dann wäre ich, 36 J., gesch., 172, schlk., jug.-sportl. Erscheinung, berufl. engagiert, glücklich, von Dir zu hören. Ernstgemeinte Zuschr. . . .

Peng! So eine Anzeige, die sitzt!

Marc, entschlossen, eine Frau zu bestellen, überlegte: Warum nicht dieser antworten, einfach so, als erster Versuch? Ansehen kostet ja nichts!

Im günstigsten Fall würde er auf eine Klasse-Frau treffen, die schon ihre Erfahrungen gemacht hat und heute weiß, was sie will. Gut, damals mit Zwanzig, da hat sie sich von so 'nem verantwortungslosen Typen becircen lassen. Kind gekriegt und so. Kennt man ja. Doch jetzt steht sie auf eigenen Füßen. Der Nachwuchs ist hochgepäppelt. Einkommen vorhanden. Ideal für den spätberufenen Mann, der noch in den »Hafen der Ehe« will!

Im schlimmsten Fall wär's ein Treffen mit einer grauen Maus oder 'ner Emanze. Na und? Ist ja alles ohne Kaufzwang!

Zufrieden mit sich selbst überschlief Marc die Idee. Management-Leitsatz: Konkrete Entscheidungen erst nach Ablauf einer Nacht. Er träumte selig von dem Treffen mit IHR – einem tollen Weib. Anschließend träumte er, daß schon an dem Tag nach diesem Treffen ein parfümgeschwängerter Brief in seinem Briefkasten lag:

Lieber Marc,
für die von Ihnen vorgestern vorgetragene interessante Darstellung Ihrer Person danke ich Ihnen. Bedauerlicherweise aber weist Ihr Angebot einige Mängel auf:

Zum einen fehlen Ihnen zu der von mir gewünschten Körperlänge drei Zentimeter, auch wenn Sie dies mit entsprechenden Schuhabsätzen auszugleichen versuchen. Noch größere Bedenken habe ich, was Ihr Alter und Ihren körperlichen Zustand betrifft. Mit fast vierzig Jahren haben Sie bereits das obere Drittel der von mir akzeptierten Altersskala erreicht. Dies kann problematisch sein hinsichtlich Ihrer weiteren beruflichen Karriere, was sich letzlich besonders im finanziellen Bereich negativ auswirken wird und deswegen auch für mich von Belang wäre!

Auch Ihre physische Beschaffenheit läßt zu wünschen übrig: So überschreitet Ihr Körpergewicht sicherlich den Idealzustand um mehrere Kilogramm. Der Bauchansatz ist nicht zu übersehen. Die Wahrscheinlichkeit baldiger körperlicher Verschleißerscheinungen ist bei Ihnen nicht von der Hand zu weisen. Meine zweimalige Frage nach Ihrem Zahnarzt haben Sie einfach ignoriert. Mir ist auch nicht entgangen, daß Sie sich nach unserer gemeinsamen Yoga-Übung geradezu mühsam erhoben haben.

Ihre heftige Reaktion auf den lustigen Scherz meines Sohnes, der den Wasserschwamm auf Ihren Stuhl legte, läßt mich daran zweifeln, daß Sie die geforderten Eigenschaften »Grips, Herz, Humor und Feinfühligkeit« besitzen. Ihr nervöses Zurückzukken, als Sie von unserer Dobermann-Hündin Shiva angesprungen und verbellt wurden, muß ich ebenfalls erwähnen. Denn dies deutet einerseits auf eine geringe Tierliebe hin, andererseits aber auch auf fehlendes Durchsetzungsvermögen in anderen Lebensbereichen.

Aus diesen Gründen möchte ich Ihnen mitteilen, daß ich auf ein weiteres Kennenlernen verzichte. Ich bedauere, Ihnen keinen günstigeren Bescheid geben zu können.

Mit höflichem Lebewohl

Marc war schweißgebadet erwacht: Was für ein Alptraum!

Nein, so ging's also nicht. Ein viel zu großes Risiko! Passiv dulden: gilt nicht! Diese masochistische Art der Suche nach der passablen Frau fürs Leben: v-ö-l-l-i-g u-n-p-a-s-s-e-n-d!

Allen Frauen sollte doch klar sein: Für einen Mann »Typ Macho«, wie er einer war, kam so etwas ü-b-e-r-h-a-u-p-t n-i-c-h-t in Frage!

Empörend, sich das auch nur vorzustellen. Da kommt so eine hergelaufene Tussi auf einen zu und veranstaltet so eine entwürdigende Fleisch- und Wesensbeschau: Nein, danke!

Männer dieser Welt, auf solche Frauenanfragen und -forderungen kann doch kein echter Macho reagieren!

Die einzig entschuldbare, noch zu verstehende Ausnahme für einen Mann wäre eine zeitlich begrenzte Schwächephase, eine Phase der Suche nach dem starken, emanzipierten Ich im Du.

Doch bevor Marc im Selbstgespräch ins warm-esoterisch-tiefenpsychologische Geschwafel abglitt, notierte er noch ein paar Tips für weibliche Macho-Fans. Irgendwann würde er diese einmal veröffentlichen, er wußte es. Und alle würden es ihm danken.

Notiz

ACHTUNG: *Frauen, die per Anzeige nach dem »starken Mann« suchen, geben auf jeden Fall eine Fehlanzeige auf.*

WARNUNG: *Mögen sich auf eine Anzeige hin auch noch so knackig aussehende und sich als Macho vorstellende Männer melden – sie sind es nicht, sie sehen nur so aus!*

MERKE: *Ein lebensfroher Macho ist sich selbst der Nächste!*

Für Marc gab es nach dieser Befriedigung seines Sendungsbewußtseins nur eines: weiterkämpfen. Denn ein Macho gibt niemals auf, sei die Situation auch noch so ausweglos!

Schuld an Marcs Einstellung war letztlich ein Hamburger Freizeit-Forschungsinstitut. Galt einst ein Macho als agiler, mobiler, finanziell unabhängiger und sexuell freier Mann zwischen 20 und 35 Jahren, stellten nun irgendwelche Sozio-Typen mit »wissenschaftlichen Methoden« fest: Alles Quatsch! Das Gegenteil ist richtig! Denn dreiviertel aller 14 Millionen alleinlebenden Bundesbürger (davon 46 Prozent Männer) fühlen sich im Single-Dasein überhaupt nicht wohl! Da sind nicht nur Müslis, Softies und Grufties dabei, sondern wohl auch Machos ... Die Begründungen der Forscher deuteten zweifelsfrei daraufhin:

Akademisch: **»Ihr Wunsch nach Freiheit und zwanglosen Kontakten kollidiert mit dem Streben nach Sicherheit und Geborgenheit.«**

Psychologisch: **»Oberflächliche, rein körperliche Beziehungen, Frequenz viel geringer als erwartet.«**

Praktisch: **Tote Hose**

Also doch Ehe! Für Marc immerhin »das größte Lebensrisiko in Friedenszeiten«.

Das Risiko:

Jede zweite Ehe geht schief! Wer die Ehe bewußt als Herausforderung annimmt, weiß, daß am Ende möglicherweise ein Bankrott fürs Leben droht! Glaubt man dem 7. Deutschen Familiengerichtstag, so bedeuten die Scheidungsfolgen in 80 – 85 Prozent aller Fälle, daß das verbliebene Einkommen des »Zahlemanns« unter (!) das Sozialhilfe-Niveau sinkt. Vielleicht ist das auch der Grund dafür, daß es allein in der Bundesrepublik rund 2,5 Millionen feste Partnerschaften ohne Trauschein gibt. Und ohne Kinder.

Die Belohnung:

Alle Sorten Kinder. Die gibt's, so die Statistiker, zu 91 Prozent in der Institution Ehe.

Marc wußte Bescheid.

Minimierung des Risikos, so mußte die Parole lauten. Der »Marsch ins neue Leben« sollte durch eine Publikums-Vorselektion durch Heirats- und Bekanntschaftsanzeigen in der SÜDDEUTSCHEN und der ZEIT gestartet werden, nicht aber welche vom BAYERNKURIER oder VOLKSBOTEN.

Wenn schon Wahnsinn, dann mit Methode!

Und so studierte Marc erst kritisch die gedruckten Kontaktversuche seiner männlichen Zeitgenossen:

> **Kfm., 1,86 gr., 70 kg, Stier,** temp., tol., sportl., sehr leidensch., su. sinnl. Vollweib zwi. 25-30, f. abwechsl. Partnersch., nur aussagekräftige Bildzuschrift wird beantwortet.

> **Wer wagt gewinnt!**
> Giftiger Schnauzer, Anf. 30, 169, an tierliebes und gescheites Frauchen, 20-32, noch abzugeben. Bei fachgerechter Pflege völlig ungefährlich, jedoch Dressur nicht möglich, wird aber bei näherem Kennenlernen handzahm.

Realschullehrer, guterhaltener Restposten, ziemlich sportlich, 38, 187, su. Bekanntschaft mit feschem Weib.

Marc schüttelte ungläubig den Kopf: Bei Nietzsche – welches Weibsbild würde denn auf so ein Angebot antworten wollen? Sein Blick sortierte nach Format, nach Großformat:

»Mann-o-Mann … bin ich aufgeregt! In diesen Sekunden kann sich unser Leben ändern. Heute, jetzt! Bist Du warmherzig, klug, bildschön und ca. 27? Möchtest Du mich kennenlernen, einen gutaussehenden, promovierten, zärtlichen, beruflich erfolgreichen – doch auch anspruchsvollen »großen Jungen«? Möchtest Du mit mir tafeln, tanzen, repräsentieren, lachen, schwatzen, schweigen …? Bitte hilf mir, uns zu finden, noch heute! Zuschriften unter ZS …

Kalifornien
Naturbursche, abenteuerlich & sehnsüchtig, rauh & zart, eigenwillig & warmherzig, reif (40) & jugendlich, sucht für Deutschlandaufenthalt und danach **blutjunges, bildhübsches, wild-sanftes Mädchen** zum Verlieben. Eilzuschrift mit Tel. unter ZS …

Marc staunte: Welcher Frauentyp akzeptierte wohl welchen Anzeigentext und damit welchen Inserententyp? Es schüttelte ihn: Eine »richtige Frau« konnte wohl die erste Anzeige glatt vergessen. Ein »großer Junge«, der »Mann-o-Mann« stammelt, obwohl er eigentlich 'ne tolle Frau kennenlernen möchte …

Marc runzelte die Stirn: Die zweite Anzeige war offensichtlich von einem Prolo-Macho aufgegeben: »Hauruck, Puppe! Hier kommt der große Elch!«

Aber vielleicht hatte dieser Hey-Baby-Typ als Legastheniker nur »blutjung« mit »saudumm« verwechselt?

Hinfort also mit diesen Texten … echter Männer unwürdig! Mit welchen Worten aber sollte ein Mann, Sorte »Echter Macho«, deutlich machen, daß ihm als Größten nur eine Superfrau antworten durfte? Denn die Tugenden eines echten Mannes liegen so auf der Hand, daß ihre Aufzählung fast banal wäre. Zudem scheut ein echter Macho bekanntlich das Eigenlob wie eine Jungfrau. Auch wenn das Hohelied eines echten Mannes nicht häufig genug gesungen werden kann: Eigenlob stinkt, auch schriftlich.

Was wahr ist, muß wahr bleiben!

Marc war im Dilemma, las wieder und wieder Beispiele. Nur zwei von etwa hundert Anzeigentexten fanden schließlich sein Interesse:

Spätestens wenn der Mensch seinen Platz im Leben gefunden hat, sollte er sich darüber Gedanken machen, wer er ist, was er braucht und was er geben kann und will. Dementsprechend sollte er sein Leben gestalten. In jeder Hinsicht. Nicht nur zum Beginn eines neuen Jahres, sondern jeden Tag.

Für jeden Tag suche ich eine Frau. Daß es mit uns etwas wird und daß es schön wird, setzt voraus, daß wir uns lieben. Verlieben möchte ich mich aber nur in eine Frau, die folgende Begriffe kennt, erlernt hat und mir davon vielleicht auch noch was beibringen kann: Lebensfähigkeit, Liebesfähigkeit, Ruhe, Selbstbewußtsein, Geduld, manchmal Überdrehtheit, Kommunikationsfähigkeit, Freude, Fähigkeit, Freude zu vermitteln, Zärtlichkeit, Freude und Ärger im Beruf, Sensitivität, Glück.

Damit Sie in etwa wissen, mit was Sie sich einlassen: Ich bin manchmal Macho, manchmal Kind, beruflich fast zu erfolgreich, eheerfahren, auf dem Land lebend, 35 Jahre alt, Raucher, gutaussehend, Doktor, zuversichtlich und noch mehr.

Schreiben Sie mir bitte mit Bild unter …

Wow: Was für ein Text! Klang auf Anhieb gut und überzeugend. Marc las den Text mehrmals, am Ende aber mit Ingrimm: So ein Wortgeklingel! Man konnte ihm doch nichts vormachen, schließlich konnte er zwischen den Zeilen lesen.

Andererseits war Marc auch zufrieden: Anzeigen wie die obige waren Prüfungen für seine zukünftige Frau. Wollte sie ihm ebenbürtig sein, mußte sie die »Spreu vom Weizen« zu trennen wissen. Folgendes sollte sie mindestens erkennen:

Angabe des Inserenten:	**Schluß:**
1) Doktor	**Akademiker, vermutlich Führungskraft. Folge: Streß**
2) beruflich fast zu erfolgreich	**»Workoholic«, scheffelt Geld. Streß!**
3) auf dem Land lebend	**Landarzt oder Yuppie-Pendler. In jedem Falle: Streß!**
4) eheerfahren	**Keine Zeit für die Frau gehabt – wegen Streß!**
5) 35 Jahre alt	**Ehrgeiziges Alter. Folge: Streß!**
6) Raucher	**In Verbindung mit Punkt. 2: extrem infarktgefährdet; süchtig, da er das Rauchen auch wegen der Traumfrau nicht aufgibt. Konditionsschwach, Mundgeruch, der Gilb überall!**
7) gutaussehend	**Und trotzdem keine Frau? Klar: Keine Zeit, keine Muße, Streß!**
8) zuversichtlich	**In dieser Lage? Schutzbehauptung?**
9) manchmal Macho, manchmal Kind	**Schreckliche Mischung zwischen cholerischer Trotzphase mit Napoleon-Syndrom und Vaterkomplex**

Marcs Gesamtkritik war vernichtend: Nach tiefenpsychologischer Analyse der ersten Sätze, die einem echten Mann höchstens am Aschermittwoch im vertrauten Kreise gleichermaßen verkaterter Freunde entfahren, wird im zweiten Abschnitt deutlich, was eigentlich Sache ist!

Der Typ hätte es einfacher sagen können:

Gesucht wird eine persönliche Verhaltenstherapeutin zur Motivierung und Maximierung beruflicher Qualifikationen mit eventueller Eingliederung in den sogenannten Freizeitbereich.

Das war eine von Marcs Stärken: alles auf einen Punkt bringen. Trotzdem hätte er seine Meinung niemandem offengelegt, wenn er nicht selbst schließlich eine Anzeige aufgegeben hätte:

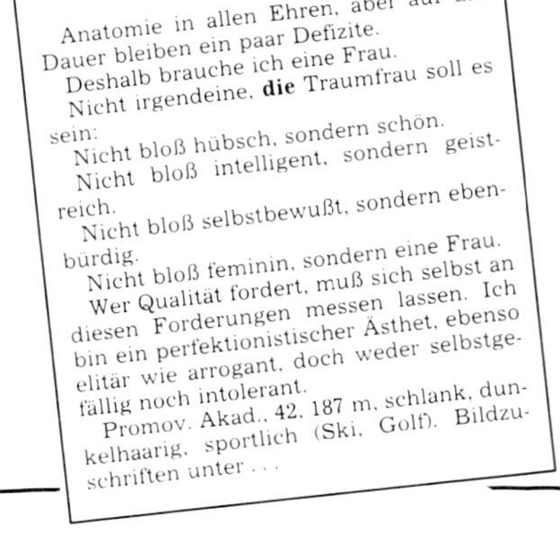

ER sucht SIE

Anatomie in allen Ehren, aber auf die Dauer bleiben ein paar Defizite.

Deshalb brauche ich eine Frau.

Nicht irgendeine, **die** Traumfrau soll es sein:

Nicht bloß hübsch, sondern schön.

Nicht bloß intelligent, sondern geistreich.

Nicht bloß selbstbewußt, sondern ebenbürdig.

Nicht bloß feminin, sondern eine Frau.

Wer Qualität fordert, muß sich selbst an diesen Forderungen messen lassen. Ich bin ein perfektionistischer Ästhet, ebenso elitär wie arrogant, doch weder selbstgefällig noch intolerant.

Promov. Akad., 42, 187 m, schlank, dunkelhaarig, sportlich (Ski, Golf). Bildzuschriften unter . . .

Um die weitere Geschichte Marcs abzukürzen:

1. Tatsache:	Es kamen einige Briefe mit Bildern.
2. Tatsache:	Manche waren geistreich bis witzig, die Frauen auf den Bildern gutaussehend bis schön.
3. Tatsache:	Marc antwortete allen, und bei einer, bei deren Bild und Text er besondere Sympathie empfand, rief er an und verabredete sich.
4. Tatsache:	Er ging zum Treffpunkt.

Ausgemacht war, daß sie sich beide um 18 Uhr im Café Rosengarten treffen sollten: Er würde sie ansprechen – schließlich hatte er ja ihr Bild gesehen. Am Telefon hatte er wortreich beteuert, er würde ihr das Bild mitbringen – und was ihn betreffe, er brächte das Original gleich mit (gewinnendes Lachen), und das sei doch besser als ein Papierabzug!

Tja, und dann war er bereits um 17 Uhr da, weil er wußte, daß das Café immer voll besetzt war. Er ergatterte einen Platz, tauschte ihn nach fünf Minuten gegen einen besseren, arbeitete sich zielbewußt voran und saß ab 17.30 Uhr mit dem Rücken zur Wand gegenüber dem Eingang. Einen zweiten Stuhl verteidigte er unentwegt gegen alle Café-Tanten, die sich entweder zu ihm setzen oder den Stuhl an den Nachbartisch entführen wollten.

Und dann kam SIE. Er erkannte sie sofort; sein Herz schlug bis zum Hals, und sein Gesicht wurde infolge überhöhten Adrenalinausstoßes puterrot. Unruhig trat er unter dem Tisch auf der Stelle. Seine Handinnenflächen wurden feucht. Sie sah nicht nur gut aus, sondern noch besser. Marcs linkes Augenlid begann zu zucken.

Nach kurzem Rundblick steuerte sie zielsicher den einzig leeren Stuhl im Café an. Den zu seiner Rechten, vier Zentimeter von ihm entfernt.

»Guten Tag. Ist hier noch frei?«

Er räusperte sich. Der Kloß in seinem Hals war riesengroß. Mühsam preßte er ein »Ja, bitte!« über die Lippen.

Sie musterte ihn kurz. Dann glitt ihr Blick suchend über die Anwesenden. Marc wurde es heiß. Wieso erkannte sie ihn nicht? Er hatte sich doch beim Telefonat noch genauer beschrieben als in der Anzeige. Zugegeben, manches war etwas geschönt. Und die 1,87 waren mit hohem Absatz gemessen. Aber eigentlich hätte sie ihn sofort erkennen müssen . . .

Marc beschlich ein mulmiges Gefühl.

Sie versuchte ihren Stuhl etwas umzustellen, was wegen der herrschenden Enge nicht richtig gelang. Sie lächelte ihm zu: »Sie haben doch nichts dagegen? Wissen Sie, ich erwarte jemanden, da möchte ich die Tür im Auge behalten!«

Marc blieb die Luft weg. »Sie erwarten jemanden?«

»Ja. Und ich kenne nur seine Beschreibung.«

Marc erstarrte.

Ich werde dich glücklich machen –
ob du willst oder nicht ...

Sie lachte etwas verlegen. »Schauen Sie doch nicht so! Ich finde das ja eigentlich auch lustig, jemanden zu treffen, den ich nicht kenne. Aber – Sie sitzen besser als ich: Ich warte auf einen gutaussehenden Mann, schlank, dunkelhaarig, muß sportlich sein, einssiebenundachtzig groß.«

»Einssiebenundachtzig?«

Sie lachte. Mit einem wunderschönen Mund, wunderschönen Zähnen, mit wunderschönen Lachfältchen in einem wunderschönen Gesicht. Marcs Schläfenvene begann zu pulsieren.

»Ja, einssiebenundachtzig. Lustig, daß ich wenigstens das weiß. Wissen Sie, ich habe auf eine Anzeige geantwortet, und jetzt will ich mir den Typ spaßeshalber mal ansehen.«

Sie kramte in ihrer Handtasche, mit wunderschönen Händen und wunderschön gepflegten Fingernägeln. Ihre wunderschönen Haare fielen schräg über ihr wunderschön geschnittenes Gesicht und verdeckten dabei die wunderschönen Augen.

Marc war erstarrt. »Spaßeshalber?«

»Ja. Da, lesen Sie: Eine Traumfrau will er haben, schön, geistreich. Ein Qualitätsprodukt. Und er selbst ist ein ›perfektionierter Ästhet, ebenso elitär wie arrogant‹. Mein Gott, findet der sich toll. Und dann kriegt er trotzdem keine Frau ab? Ist das nicht ein sagenhaftes Exemplar von Mann?«

Sie lachte herzhaft. »Ich bin drüben in der Uni, Kommunikationswissenschaft. Habe gerade vorlesungsfrei. Über die Anzeige habe ich in einem Referat gesprochen – und eigentlich nur aus Jux geantwortet. Und als er dann tatsächlich anrief, da dachte ich mir: Warum denn nicht? Genehmigst du dir doch wenigstens ein Gratis-Abendessen.«

Sie runzelte die Stirn, während sie ihn offen ansah. »Verdienen muß er ja ziemlich gut. Da schädige ich doch keinen Armen. Oder – was meinen Sie?«

Marc nickte hastig, mit hochrotem Kopf. Seine Stimme klang heiser: »Ich sag' Ihnen Bescheid, wenn er kommt!«

Kleine Aphorismensammlung für Machos und ihre Fans

Immer versuchten berühmte Köpfe, nachfolgenden Generationen aus dem reichen Schatz ihrer Erfahrungen tiefempfundene Weisheiten auf den schweren Lebensweg mitzugeben. Vom Germanistik-Professor bis zum schlichten Zwergschul-Lehrer hielten sich Generationen von Erziehern an Zitaten fest wie an dem berühmten rettenden Strohhalm in der Flut ihres eigenen schwachen Sinns.

Und so lesen wir auf der Suche nach der idealen Lebenshilfe für den Mann mit Ehrfurcht Aussagen bedeutender Männer und Frauen von gestern.

Aus rund tausend Zitaten zum Thema eine Auswahl von verblichenen, aber fixierten Geistesblitzen.

Unsere Empfehlung:

Gehen Sie bitte sorgsam mit diesem Reservoir erhabener Erkenntnisse um, nicht jeder Spruch ist für jedermann geeignet. Als Hilfestellung ist deswegen jedem Zitat ein kleiner Hinweis vorangestellt.

Für treue Seelen:
Der Unterschied zwischen Witwe und Strohwitwe besteht darin,
daß die erstere weiß, wo ihr Mann liegt.
Markus M. Ronner

Für Unentschlossene:
Im Leben wählt ein Mann unter zwei Übeln
meist das hübschere oder das jüngere.
Georges Feydeau

Für Raucher, Selbstdreher:
Zuerst schuf der liebe Gott den Mann,
dann schuf er die Frau.
Danach tat ihm der Mann leid,
und er gab ihm den Tabak.
Mark Twain

Für Raucher, Automatenzieher:
Frauen sind wie Zigaretten:
Zuerst ziehen sie recht gut,
aber zum Schluß sammelt sich alles Gift im Mundstück.
George Bernard Shaw

Für Gewerkschafter:
Den idealen Chef erkennt man daran,
daß er seine Sekretärin relativ selten mit seiner Frau betrügt.
Eddie Cantor

Für Stumme:
Der gute Ruf beruht auf dem Schweigen mehrerer Männer.
Maurice Chevalier

Für Bodybuilder:
Es ist immer dasselbe:
Zuerst hat man eine Frau im Herzen,
dann auf den Knien,
dann im Arm
und zuletzt am Hals.
Mario Adorf

Für Basisdemokraten:
Es ist nicht nötig, den Frauen zu widersprechen.
Das erledigen sie selbst.
Marcel Aymé

Für Fundis:
Es ist schwierig, den Frauen recht zu geben,
denn mittlerweile haben sie ihre Meinung vielleicht schon geändert.
Marcello Mastroianni

Für Spione:
Frauen können jedes Geheimnis bewahren,
wenn sie nicht wissen, daß es eines ist.
Karl Farkas

Für Yuppies:
Frauen sind wie Krawatten:
Man wählt sie meistens bei schlechter Beleuchtung,
und dann hat man sie am Hals.
Karl Farkas

Für Fortgeschrittene:
Letzten Endes besteht die einzige Methode,
die Frauen zu beherrschen, darin,
in ihnen die Illusion zu wecken, sie beherrschten uns.
André Maurois

Für Jutta-Ditfurth-Gegner:
Man sollte Frauen so oft wie möglich küssen,
weil sie dann schweigen.
Marcello Mastoianni

Für ganz Schlichte:
Der Mann hat sein Ziel
und das Weib seinen Sinn.
Christian Morgenstern

Für Päderasten:
Frauen sind nur Kinder von etwas größerem Wuchs.
Philip Chesterfield

Für Seebären:
Männer leben vom Vergessen,
Frauen von Erinnerungen.
Thomas Stearns Eliot

Für Chauvis:
Gott ist Mensch geworden, sei's!
Der Teufel Frau!
Victor Hugo

Für Kickboxer:
Wir waren bisher so artig gegen die Frauen.
Wehe, es kommt die Zeit,
wo man, um mit einer Frau verkehren zu können,
ihr vorerst auf den Mund schlagen muß.
Friedrich Nietzsche

Berühmtheiten hin, Berühmtheiten her: Solche Sterne am Himmel der Weisheit sind doch eher als schnell verglühende Sternschnuppen einzustufen! Solche Geistesblitze blenden wie echte Blitzlichter: Hinterher bleibt nichts als totale Finsternis . . . Notorische Aphorismen-User geraten deswegen in Verdacht, daß bei ihnen »das Fleisch willig, aber der Geist schwach« ist. Kurzum: Wer als Macho und fröhlicher Springer durchs Leben wandeln will, halte sich an die Weisheit alter Fahrensmänner:

Schiffe ruhig weiter,
wenn dein Mast abbricht,
Gott ist dein Begleiter,
er verläßt dich nicht!

Die Mutprobe

Über den Frauenladen, schräg gegenüber ihrer Stammkneipe, hatte sich die Gruppe schon oft das Maul zerrissen. Jetzt gab es wieder einmal einen aktuellen Anlaß: die neue, die für Buchladen und Cafeteria zuständig war. Pardon: Frauen-Buchladen und Frauen-Cafeteria. Für Männer tabu – Sperrbezirk. Denn an der Eingangstüre hing seit Jahren das Schild: DAS BETRETEN DES FRAUENLADENS IST NUR FRAUEN GESTATTET.

Das hatte bislang niemanden gestört. Von den Tussis war eh keine interessant. Zudem war man ja tolerant, und man konnte ganz relaxed lästern, wenn die Emanzen in ihren Laden liefen ... »Kein brauchbarer Beitrag«, so hieß die Standardformel, mit der die Runde Spätankömmlinge über die neueste Lage vor dem Fenster aufklärte. Und das seit '68. Zuerst waren die Emma-Tanten im Kommen gewesen, dann die Mein-Bauch-gehört-mir-Solis, dann die Lila-Blaßblauen mit ihren Schwanz-ab-Geschwätz und schließlich die Müslis mit ihrem Selbstgestrickten. Na, und die konnten keines echten Mannes Blick vom Bierglas lenken, zumindest nicht in üblicher Verpackung: Sack und Asche!

Und nun das!

»Das Problem ist«, sagte Thomas bedächtig, und die anderen nickten mitfühlend, während sie über die Straße spähten, »man kann sich das eigentlich überhaupt nicht erklären!«

Frank, der Intellektuelle mit der Nickelbrille, gab zu bedenken: »Ich habe gelesen, daß manche nach einem traumatischen Ereignis richtiggehend abweisend werden.«

Hans runzelte die Stirn. »Aber so weit darf man es bei so einer doch nicht kommen lassen!«

Bekümmert nickte die Runde Beifall, während sie den Frauenladen weiter durch die Fenstervorhänge fixierte. Es war kurz vor drei Uhr nachmittags, und die Rede war von der sagenhaften Blonden, die seit kurzem den Frauenladen führte.

»Wißt ihr, daß die eine K 100 RS fährt?«

In der Runde begann es zu rumoren. Auch das noch. Ausgerechnet eine K 100 RS!

»Es ist mehr als ein Skandal, es ist ein Jammer!« konstatierte Rolf. Oha, wenn schon *der* das feststellte! Er, den die anderen respektvoll den Stier von Pasing nannten ...

Diesmal sprach er allen aus dem Herzen. Schließlich gibt es viel zuwenig Frauen, die sehr gut aussehen, und noch viel weniger, die zudem noch eine K 100 RS fahren! Die dazu noch peppig angezogen sind und offensichtlich sogar als »brauchbarer Beitrag« eingestuft werden müssen. Aber: Wie konnte so ein Edelwesen ausgerechnet in einem Frauenladen arbeiten?

In diesem Moment fuhr die chromglitzernde, dunkelblaue K 100 RS vor. Die Fahrerin stieg ab, setzte den Helm ab und schüttelte ihre lange blonde Mähne. Hautenge schwarze Lederkombi, sagenhafte Figur, sportlich-waches Gesicht, lässige Bewegungen. Hochbeinig stakste sie in den Frauenladen: Einfach Wahnsinn!

Die Runde stöhnte Anerkennung. »Nicht übel«, sinnierte Rolf mit Kennerblick, »bei der würd' ich auch mal aufsteigen!«

Die Runde feixte: »Höhöhöhö, glaubst du, die läßt dich so einfach ... auf die Maschine?«

Rolf sabberte wie ein Pawlowscher Hund: »Klar! Da muß bloß mal ein richtiger Kerl ran!«

Stör mich nicht - ich halt mich fit!
Stör mich nicht - ich halt mich fit!
Stör mich nicht - ich halt mich fit!
Laß mich in Ruhe - ich bin kaputt.

Sooo ein Tag, sooo wunderschööön wie heute....
sooo ein Tag, der dürfte niiiie vergehn....
Ich versteh' echt nicht, wie man wegen so'nem bißchen Bumsen gleich so ausflippen kann.

Die Diskussion entflammte, der Wirt löschte. Mit Pils.

Die Debatte »Welcher Kerl kommt da ran« war kurz und heftig, die Lösung pragmatisch. So wie echte Männer halt ihre Probleme lösen. Beispielsweise mit einer Wette. Das war Rolfs Bier. Man brauchte ihn auch nicht lange zu überreden. Alsbald stand er an der Tür, fuhr sich mit allen Fingern schnell noch durch die Haare und zog entschlossen den Reißverschluß seiner Lederjacke hoch. »Okay, jetzt zeig' ich euch Nulpen mal, was Sache ist!«

Vierzehn Augenpaare beobachteten, wie er über die Straße schritt: Jeder Zoll ein Mann! 1,86 groß, breite Schultern, schmale Hüften. Ein Strahlemann wie Robert Redford, mit dem Gang von John Wayne, mit Paul Newmans Augen und dem Blick von James Dean. Als er kurz bei der K 100 RS stoppte und das Gefährt cool taxierte, hätte sich nicht nur die Herstellerfirma um die Werbefotos gerissen – wenn man denn welche gemacht hätte.

Vor der Tür des Ladens noch ein kurzer Halt, dramaturgisch unheimlich stark: Rolf schnippte noch zwei, drei Stäubchen von der Jacke, schüttelte sich locker und schob die rechte Schulter angriffslustig vor. Echt: Kein Eishocky-Crack hätte einen Bodycheck besser vorbereiten können. Und dann – dann trat er entschlossen in den Frauenladen ein.

In der Kneipe herrschte atemlose Stille. Franz drückte hörbar den Knopf seiner Stoppuhr: »Zeit . . . läuft . . .!«

Zwei, drei Minuten vergingen. Von Rolf war nichts zu sehen. Thomas fluchte mit Inbrunst: Sein Wett-Tip »Rauswurf binnen zwei Minuten« war in die Hose gegangen. Das hieß: Die nächsten zehn Pils auf seine Rechnung.

Fünf Minuten . . . Jetzt erwischte es Franz und Rudi: Wieder zehn Pils!

Da! Die Tür bewegte sich. »Sechs Minuten und vierzehn Sekunden«, verkündete Franz laut, mit offizieller Miene.

Rolf trat auf die Straße, grinste breit herüber. Reckte heimlich den Daumen nach oben: Wow! Geschafft!

Beifallsstürme und lautes Grölen empfingen ihn in der Kneipe; Rolf, mit überlegenem Lächeln, aalte sich in der allgemeinen Bewunderung. Gerd zerrte ihn mit flehendem Blick an die Theke und schrie ihm hektisch ins Ohr: »Komm, erzähl, he, sag doch – wie war's? «

Rolf hob majestätisch seine rechte Hand und gebot Ruhe. Alle Blicke hefteten sich an seine Lippen. Dann, mit theatralischer Geste, faßte er in seine Hosentasche und zog einen kleinen weißen Zettel hervor. Er nahm Haltung an.

»Meine Herren! Ich darf Ihnen hiermit offiziell mitteilen, daß ich befugt bin, heute abend nach unserem Fußballtraining um 22 Uhr Ortszeit diese Telefonnummer anzurufen, um . . .«

Er machte genüßlich eine Kunstpause. Seine Strahleaugen blitzten, und seine Stimme hob sich: »Um, meine Herren, um dann von . . . Helga . . .« (Ahhh! Allgemeines Raunen) » . . .für heute abend, äh . . . mit Option auf die Nacht . . .« (Allgemeines Gefeixe) » . . .Konkretes zu erfahren!«

Jubel brach aus. »Bravo, bravissimo! Weidmanns Heil!«

Rolf lächelte huldvoll: »Weidmannsdank!«

Dann brachte Thomas, mit zwanzig verlorenen Pils ein echter Säuerling, hart den Knüller: »Sag mal, ist denn die Telefonnummer überhaupt echt?«

Wie wahr!

Rolf betrachtete ihn mit einem langen Blick der Marke »Geringschätzig bis angewidert«. »Ungläubiger Thomas! Okay: Wir treffen uns bei mir, und ich stell' meinen Telefonapparat laut. Jeder kann alles mithören! Bring du aber gleich das Bier mit!«

Das anschließende Fußballtraining zog sich zäh hin. Gleichzeitig rennen und fachsimpeln geht einfach schlecht. Die Runde fieberte dem Anruf entgegen. Nach dem Sport scharte sich alles pünktlich bei Rolf ums Telefon: Es war Punkt 22 Uhr.

Gespanntes Schweigen herrschte, als Rolf zum Hörer griff. Eine höchst sportlich-faire Einstellung. Franz las vor, Thomas wählte die Nummer. Vier – zwo – drei – acht – acht – acht . . .

»Tuuuut . . ... Tuuut«

Es knackte in der Leitung. Jemand hob ab.

Eine sonore Männerstimme füllte den Raum: »Hier ist die Telefonseelsorge. Was kann ich für Sie tun?«

Anstoß zur Gewissenserforschung

Der große Super-Macho-Test

Dieser Test ist einfach, überzeugend und im Ergebnis einprägsam.
Zuvor noch schnell die Regeln:
Sie sehen vor sich eine Reihe von Eigenschaften, die in irgendeiner Weise auch auf Sie zutreffen. Dabei ist es so, daß Sie sich wahrscheinlich nicht immer hundert Prozent zubilligen können. Ein Beispiel:

ruhig	0	1	2	3	4	5	6	7	8	9	10	nervös

Würden Sie die Ziffer 0 ankreuzen, dann müßten Sie so ruhig sein, daß sie schon mehrere Male als Scheintoter hätten eingeliefert werden müssen. Bei der Ziffer 10 dagegen wären sie sicherlich nicht in der Lage, diese Gebrauchsanweisung fertig zu lesen; vermutlich hätten Sie bereits beim fahrigen Herumblättern im Buch schon mehrere Seiten herausgerissen! Halten Sie sich für einen ausgewogenen Typ, dann wäre die 5 die anzukreuzende Ziffer. Alles okay? Dann kreuzen Sie mal schön!

PS: Keine Angst vor Selbsterkenntnis! Nach der Selbsteinschätzung sollten auch Freunde, Freundinnen und so mal ankreuzen dürfen und sich auch ehrlich wundern, was dabei herauskommt!

01	kräftig	0	1	2	3	4	5	6	7	8	9	10	schwächlich
02	risikofreudig	0	1	2	3	4	5	6	7	8	9	10	risikoscheu
03	sportlich	0	1	2	3	4	5	6	7	8	9	10	schlaff
04	einsam	0	1	2	3	4	5	6	7	8	9	10	gesellig
05	strebend	0	1	2	3	4	5	6	7	8	9	10	genügsam
06	autoritär	0	1	2	3	4	5	6	7	8	9	10	anpassungsbereit
07	souverän	0	1	2	3	4	5	6	7	8	9	10	unsicher
08	selbstbewußt	0	1	2	3	4	5	6	7	8	9	10	schüchtern
09	athletisch	0	1	2	3	4	5	6	7	8	9	10	eher dünn
10	mutig	0	1	2	3	4	5	6	7	8	9	10	eher feige
11	sexuell aktiv	0	1	2	3	4	5	6	7	8	9	10	eher schlaff
12	kämpferisch	0	1	2	3	4	5	6	7	8	9	10	harmoniebedürftig
13	planerisch	0	1	2	3	4	5	6	7	8	9	10	chaotisch
14	befehlend	0	1	2	3	4	5	6	7	8	9	10	folgsam
15	hart	0	1	2	3	4	5	6	7	8	9	10	weich

16	vorlaut	0	1	2	3	4	5	6	7	8	9	10	leise
17	durchsetzend	0	1	2	3	4	5	6	7	8	9	10	erfolglos
18	neugierig	0	1	2	3	4	5	6	7	8	9	10	zurückhaltend
19	stolz	0	1	2	3	4	5	6	7	8	9	10	demütigend
20	großzügig	0	1	2	3	4	5	6	7	8	9	10	geizig
21	rational	0	1	2	3	4	5	6	7	8	9	10	emotional
22	aktiv	0	1	2	3	4	5	6	7	8	9	10	müßig
23	schlitzohrig	0	1	2	3	4	5	6	7	8	9	10	ehrlich
24	aggressiv	0	1	2	3	4	5	6	7	8	9	10	versönlich
25	vogelfrei	0	1	2	3	4	5	6	7	8	9	10	häuslich
26	reiselustig	0	1	2	3	4	5	6	7	8	9	10	bodenständig
27	egoistisch	0	1	2	3	4	5	6	7	8	9	10	sozial
28	zielstrebig	0	1	2	3	4	5	6	7	8	9	10	unentschlossen
29	ruhig	0	1	2	3	4	5	6	7	8	9	10	nervös
30	logisch	0	1	2	3	4	5	6	7	8	9	10	unlogisch

Auswertung

Null bis 30 Punkte
O Mann, o Mann! Also ehrlich: Ihnen möchte ich nicht begegnen! Sie sind nicht nur eingebildet, sondern wahrscheinlich ein gefühlloser Klotz. Oder Sie haben geschummelt, weil Sie das Prädikat Supermacho auf Biegen und Brechen einheimsen wollten. Um Eindruck zu schinden. Aber das ging leider völlig daneben. Denken Sie doch mal selbstkritisch nach, ob es statt dessen nicht besser wäre, einige gute Freunde zu haben.

31 bis 90 Punkte
Na ja . . . Ob die anderen Sie auch für den Prachttyp halten, den Sie darstellen wollen? Denn ein solcher hätte sicherlich bei den Ziffern 4, 5, 6, 11, 13, 14, 18, 19, 23, 24, 25, 26, 27 seine Kreuzchen mehr nach rechts gezittert. Nach Punkt 23 hätten Sie das ja sicherlich auch gern gemacht . . . Aber: die liebe Eitelkeit! Nur keinen schwachen Eindruck hinterlassen! Kurzum: Zur Buße müssen Sie jetzt einige Kreuzchen verrücken und die nächsten Minuten Ihrer Selbsterkenntnis widmen!

91 bis 150 Punkte
Holla, ein Machotyp mit Hang zur Ehrlichkeit! Zumindest überlegt die Kreuzchen gesetzt. Na! Nicht das Diskutieren anfangen, daß man, genauer betrachtet, doch an dieser oder jener Punktegrenze liegt . . . Bekennen Sie sich doch dazu, daß auch Sie immer wieder Fehler machen, ein Zweifler sind, ein Suchender nach dem richtigen Weg . . . und halt immer noch Egoist. Aber trösten Sie sich: Die anderen sind das auch! Und wenn jetzt jemand neben Ihnen lachen sollte: Die soll erst mal selbst den Test machen!

151 bis 240 Punkte
Bei diesem Testergebnis, liebe(r) Leser(in), möchte ich Sie in aller Zuneigung bitten, mir meine Unkenntnis bezüglich Ihrer Person zu verzeihen. Sie wären ja ein sooooo angenehmer, sooooo liebenswert einfach zu behandelnder Mitmensch. Daß Sie ein Macho sind, das wage ich zu bezweifeln. Selbst wenn Sie von kräftigem Körperbau sind, so sind Sie andererseits so sensibel, daß Sie sicherlich die Ziffer 12 weit rechts angekreuzt haben. Macht nichts, genieren Sie sich nicht! Bei den Ziffern 10 oder 11 haben Sie sicherlich das Kreuzchen an die richtige Stelle gesetzt. Besonders wenn Ihnen Ihre Partnerin dabei über die Schulter geblickt hat. Ist doch . . . Ziffer 30, Kreuz 0!

241 bis 300 Punkte
Tja . . . was soll man da sagen. Sind Sie sicher, daß Sie sich bei den 299 Punkten nicht verzählt haben? Wenn ja, dann seien Sie jetzt nicht sauer! Denn es steht zweifelsfrei fest: Sie sind kein Macho, und Sie werden es auch kaum werden. Diese Gefahr ist bei Ihnen recht gering. Doch da Sie Ziffer 23 ganz rechts angekreuzt haben, vertragen Sie einen kräftigen Rempler. Auch wenn keiner behauptet, daß der Super-Macho ein erstrebenswertes Ziel ist: Sie allerdings, Sie müßten tagtäglich über die Sportbahn gehetzt, mit Bildung beworfen und dann mindestens eine Stunde Radikalfeministinnen ausgesetzt werden! Sie Schlaffi, Sie!

Schnell, Schatz, laß uns 'ne Nummer machen! Ich hab genau 'ne halbe Stunde Zeit ...
Und was machen wir in den restlichen zwanzig Minuten?
Ernst

Resümee
Haben Sie's gemerkt? Daß auch Sie gesagt haben: Na ja, so'n Test, den muß man ja nicht ernst nehmen? Und daß Sie dann trotzdem ein bißchen überlegt haben, wohin Sie Ihr Kreuzchen setzen wollten? Und vielleicht geschielt haben, wie das Ergebnis ausfallen könnte? Oder daß auch Sie über die Ergebnisse nachdenken, weil Sie in diese oder jene Richtung neigen? Ja ja, Sie sind ertappt! Denn Ihnen ist dabei ganz entgangen, was für einen mächtigen pädagogischen Impuls Sie hier eingefangen haben! Der alte Pestalozzi hätte sich da echt ins Fäustchen gelacht. Denn daß Sie jetzt minutenlang nachgedacht haben, ob Sie nun ein netter Typ sind oder nicht, oder wie sich das so hingeschrieben ausrechnet – das war doch ein prächtig hinterfotziger Anstoß zur Gewissenserforschung, gell?

Das Männerhaus

Die zwei Männer an der Theke hatten diese eine, ganz bestimmte Haltung eingenommen. Ein Bildhauer wie Rodin wäre entzückt gewesen. Jeder erfahrenen Barfrau aber graut vor dieser einen Pose, die da heißt: *ernsthaftes Männergespräch!*

Um sie zu erkennen, braucht man gar nichts verstehen, man sieht es schon von weitem. Denn für ein echtes Männergespräch gibt es deutliche Kriterien: Teilnehmer sind meist nur zwei Männer; einer von ihnen redet, während der andere einfach vor sich hin stiert – oder auch wie versteinert »ins Unendliche« schaut.

Schon der Schweigende – welch ein Anblick. Diese Ausstrahlung männlicher Konzentration! Dieser intensive Blick ins halbleere Bierglas. Diese scharfe Stirnfalte zwischen den zusammengezogenen Augenbrauen, das bedächtig schwere Kopfnicken, das faszinierende Spiel der Backenknochen.

Dann Signale innerer Spannung wie weiß werdende Knöchel der Finger, die das Bierglas fest umklammern . . . das Mahlen von Ober- auf Unterkiefer . . . oder das jähe, tiefe Einziehen der Luft durch die geblähten Nasenflügel. Dann ein tiefes, kehliges Aufseufzen: »Jaaa . . .«

Ein Mann, ein Wort – toll! Ein klares, deutliches, ehrliches »Ja«. Oder ein »Nein«. Oder wenigstens ein »Hm«. Egal. Hauptsache: klar! Und das zeichnet echte Männer aus: sich mit wenigen Worten zu verständigen, selbst wenn es um so schwierige Probleme geht wie die persönliche Intimsphäre.

Eindrucksvoll, wenn einer der beiden sein dumpfes Brüten vor dem Glas unterbricht:

»Ich halt' das nicht mehr aus! Diese Emanze!«

»Hm..«

»Dieser Putzfimmel! Jetzt muß ich schon alle paar Tage mein Zimmer putzen, selbst das Klo muß ich picobello schrubben!«

»Hm . . .«

»Sie kontrolliert das! Kannst du dir das vorstellen: Ich vergess', die Türleiste zu wischen; fährt die glatt mit dem Finger darüber . . . hält mir dann den Finger vors Gesicht und motzt mich total an!«

»Hm . . .«

»Ich bin fix und fertig! Da sagt sie mir doch, ich soll endlich meine Strümpfe selbst stopfen!« (Düster:) »Die Klamotten selbst waschen! Die is'n Putzteufel!«

»Hm . . .«

»Hast du auch so eine?«

»Nee . . . leb' mit Männern zusammen.«

»Mensch, hast du es gut! In einem richtigen Männerhaushalt?«

»Nee . . . eher Männerhaus!«

»Toll! Das isses!«

»Nee, isses nicht!«

»Isses doch! Mensch, ein Männerhaus! Keine Frauen – kein Gekeife! Eine echte Männerwelt: klare Abmachungen, klare Regeln, klare Ordnung! Mann: So'n Männerhaus ist doch Spitze!«

Der andere schüttelte müde den Kopf: »Bleib auf'm Teppich: Alle Tage bin ich mit Putzen dran! Und dann muß ich das Klo schrubben, picobello! Werd' auch kontrolliert!«

»Ja . . .?«

»Ich hab' auch 'ne Türleiste vergessen! Derjenige, der kontrollierte, hatte auch Staub auf'm Finger! Hat der mich vielleicht angeschrien!«

»Ja . . .?«

»Muß auch meine Socken selbst stopfen! Nehm' ich mal'n falschen Faden: Anschiß! Auftrennen! Bevor ich am Wochenende rauskomm', muß die Bude porentief rein sein! Mann, vor 'ner Woche durfte ich mal nicht ausgehen, weil's angeblich noch staubig war!«

»Nein!«

»Weißt du, ich tät's viel lieber mit 'ner Frau probieren.«

»Bloß nicht! So schlimm kann's bei euch doch gar nicht sein! Ich sag' dir, bei mir, da ist's die Hölle! Weißt du was? Ehrlich: lieber heute als morgen! Gib mir doch deine Adresse!«

»Wenn du meinst: Block drei, Haus vier, dritte Kompanie, Steuben-Kaserne!«

Du mußt dich doch nicht jedes Mal bedanken – ist doch selbstverständlich, daß ich dich unterstütze

Die Mundwinkel-Probe

Sie trafen sich jeden Abend in dieser neuen Musikkneipe, die für mehrere Monate das neue In-Lokal war. Vier, fünf Männer, die beruflich mit beiden Beinen im Leben standen. Und am späten Abend, in ihrer kargen Freizeit als Freiberufler, standen sie wiederum herum, beispielsweise an der Bar. Die Südkurve. Direkter Zugriff zum Bierhahn, direkter Blick zur Eingangstür. Also komplette Kontrolle der Situation. Von der verräucherten Luft und dem Gehämmere der Musik abgesehen.

Lutz, kritisch und überlegt wie immer, lehnte an der Säule direkt neben der Bar. Ließ den Blick kritisch über die Lokalbesucher schweifen: »Schlaff, alles schlaff.« Bekümmert wandte er sich an Klaus: »Na, wie ist denn die Frauenlage?«

Der zuckte die Achseln, linste über das Pilsglas: »Schau doch mal rum. Alles schlaff!«

»Ja ja, das sagte ich eben.«

Gerd mischte sich ein: »Und die Blonde da drüben?«

»Weiß nicht, find'ste die gut?«

»Sieht doch ganz gut aus, oder?«

»Hmmm. Wollst hin?«

»Nee, weiß nicht. Hat so hängende Mundwinkel. Echt! Irgendwie negativ!«

»Und die im schwarzen Pulli?«

»Oje, schwarz!«

»Na und, ist doch Mode!«

»Haste schon was von Farbenpsychologie gehört? Ist vielleicht psychisch fertig!«

Peter kicherte: »Oder dick? Schwarz macht schlank! Neee, danke!«

Lutz schaute düster über die Anwesenden hin. Seufzte zum Steinerweichen: »Oje! Die haben alle hängende Mundwinkel.«

»Hmmm. Hast schon recht. Irgendwie kein Pepp!«

»Prost!«

»Prost!«

»Und die Schwarze da?«

»Welche?«

»Die immer wieder zu uns herschaut! Die mit der Punkfrisur! Sieht doch eigentlich ganz fähig aus, oder?«

»Hängen die Mundwinkel?«

»Weiß nicht, sie redet gerade. Guck, jetzt lacht sie herüber!«

»Keine Ausrede. Hängen sie oder nicht?«

»Weiß nicht. Egal, jetzt schaut sie sowieso weg.«

»Prost!«

»Prost!«

»Es gibt einfach viel zuwenig peppige Frauen!«

»Richtig. Nichts ist los.«

»Da hat man eigentlich gar keinen Mumm loszuziehen!«

»Hmmm, ist eh egal.«

»Prost!«

»Prost!«

Es war Mitternacht, als die nette Schwarze mit der Punkfrisur zur Bar kam. Gar nicht mal übel, nicken sich Lutz und Klaus zu, gar nicht mal übel. Schlank, sportlich, schnelle

Natürlich sprech ich sie an. Ich muß mir nur erst im klaren sein, wie ich sie hinterher wieder loswerde.

Entschuldigen Sie - kennen wir uns nicht von irgendwoher? Haben wir vielleicht irgendwann mal miteinander geschlafen oder so?

Bewegungen, interessantes Gesicht, peppige Frisur. Die Runde rutschte zuvorkommend auseinander, machte ihr Platz an der Theke. Ihr Lächeln, mit dem sie sich dafür bedankte, war einfach . . . hinreißend! Dann winkte sie nach der Barfrau. »Könnten Sie mir mal ein Taxi rufen?«

Während sie nach dem Telefongeld kramte, versuchte sich Gerd. Ganz cool. Da sie ihm am nächsten stand, hatte er auch den ersten Versuch frei. »Nanu, schon nach Hause?«

Sie schaute überrrascht auf und strahlte ihn an: »Klar, brauch' doch meinen Schönheitsschlaf!«

»Na, na, das ist ja übertrieben! Die Schönheit reicht doch aus!«

Oho, der Gerd! Der fackelte nicht lange, griff an! Richtig so, immerhin war's ja schon zwölf Uhr! Vielleicht wurde es noch interessant? Die Runde drehte sich den beiden zu. Lutz grinste heimlich zu Klaus hinüber und kniff ein Auge zu.

»Danke fürs Kompliment. Aber wenn das Taxi kommt, geh' ich!«

»Warum denn? Später kommt doch auch noch 'n Taxi!«

»Nein, nein, ich geh' sicher!«

»Ooooch«, mault Gerd charmant, »da verpassen Sie aber was!«

Sie blickte offen in die Runde der Männer. Gerd grinste wie ein Honigkuchenpferd, denn er hatte den einen Arm schon, unauffällig zum Griff bereit, auf den Tresen gelegt; Lutz, Klaus und Peter lümmelten in ihrer gewöhnlichen Abwartehaltung herum, ihre Biergläser dabei lässig in den verschränkten Armen geborgen.

»Ja? Was soll ich denn verpassen?«

»Na . . . uns!«

Ihr schräger Blick traf Gerd so ernüchternd, daß er unwillkürlich zurückwich und dabei abwehrend die Arme verschränkte. Dann musterte sie auch alle anderen. Freundlich, mitleidig. »Ach . . .? Glauben Sie das wirklich? Ich glaub's nicht . . . ich hab' Sie alle doch den ganzen Abend gesehen . . .« Sie lachte. »Dachte, Sie trauern!«

»Wie bitte?«

Sie zuckte entschuldigend die Achseln: »Sie hatten alle so herabhängende Mundwinkel!«

Alle Frauen wollen von mir immer nur das eine ...
daß ich sie in Ruhe lasse.

Von der Lust ein Mann zu sein

»Sei ein Mann!«

Wer hat diesen Satz eigentlich zuerst gesagt?

Gott? Onkel Karl? Vater oder Mutter?

Ist auch egal – man hat ihn ja jedenfalls oft genug gehört! Schon seit man bewußt hören und verstehen kann, also kurz nachdem man den Laufstall allein verlassen konnte. Doch kaum stand man auf den eigenen Beinen, verhaspelte man sich bei den ersten Schritten, und – peng, schon lag man auf der Nase!

Wenn Sie sich noch erinnern können: Es schmerzte höllisch. Konnte man dann aber so richtig heulen, erleichterte einen schon allein die Tonstärke!

Doch das gehört sich scheinbar nicht für ein männliches Wesen. Denn prompt kam der bewährte Satz: »Ein echter Indianer spürt keinen Schmerz! Sei ein Mann!«

Kennen Sie den Spruch auch?

Mann, was habe ich die echten Indianer beneidet. Auch wenn keiner einen kannte. Was konnten diese Burschen sich allein an Aspirin sparen! Was aber dieser blöde Sado-Spruch der Erwachsenen sollte, hab' ich persönlich niemals herausgefunden.

Ein Trost jedenfalls war er mir nicht.

Und dann kam die erste Schwester zur Welt. Die so richtig heulen durfte und nach jedem Heulvorgang von den Eltern noch getröstet wurde. Zuerst mit Streicheleinheiten, später mit Schokolade.

Als Mann kam man da einfach zu kurz!

»Sei ein Mann!«

Eine ausgesprochen doofe Empfehlung. Schließlich war man ja einer (wenn auch vorerst nur ein kleiner). Haben Sie schon einmal gemerkt, daß man diese Empfehlung eigentlich nur gegenüber Männern gebraucht?

Oder haben Sie schon einmal gehört: »Sei eine Frau!«

Es gibt Hunderte von Beispielen, wie man als Mann erzogen wird: Auch wenn man keinen Bock darauf hat, bekommt man die Laubsäge, den Hammer und den Elektro-Baukasten.

Sägt man sich in den Daumen, haut man sich auf die Finger oder klemmt sich was ein . . . Der Trost: »Sei ein Mann!«

Offensichtlich hat diese Empfehlung ihren tiefen Sinn, sonst würde sie sich nicht von Generation zu Generation weitervererben. Wer aber hat denn etwas davon, daß dieser Spruch Männer zu irrwitzigsten Taten anzuspornen vermag (beispielsweise mit der Badehose durch die Eiger-Nordwand, mit dem Balsa-Floß rund um die Welt, mit der Gorillafamilie zum Blätterzupfen)?

»Cherchez la femme!« sagen da die Franzosen, und tatsächlich, sie haben recht!

Überlegen Sie doch einmal, wie es normalerweise abläuft: Ein Paar liegt im Bett, da hören beide im Haus verdächtige Geräusche . . . Na? Wer steht wohl auf, sieht nach und wird vom Einbrecher verprügelt? Na????

Was hat man eigentlich als Mann davon, ein Mann zu sein – außer, daß man geringere Rettungschancen im Ernstfall hat? Ohooo . . . sagen da die emanzipierten Frauen: ein Blick in die Lohntüte, und schon ist er gerne ein Mann!

Ja jaaaa . . . sagen da die Männer, zwar verdienen wir mehr Geld, aber dafür zahlen wir

Was machst du denn da?
Die Birne ist kaputt. Ich dreh 'ne neue rein.
Laß mich das mal machen. Das ist Männerarbeit.
Du hast'se wohl nicht mehr alle! Ich werd doch 'ne Glühbirne auswechseln können!

Sei doch froh, wenn ich dir Handwerker-Arbeit abnehme. Und außerdem isses gefährlich.
Daß ich nicht lache! Aber bitte, bevor wir uns streiten. – die Klügere gibt nach!
Alles muß man selber machen ...

auch mehr in die Rente, sterben nach der Statistik im Durchschnitt einige Jahre eher und sichern dadurch den Lebensabend der Frauen!

Ohooo . . . sagen da die Frauen. Und den Kinderkram, den haben wir monatelang, jahrelang am Hals, nur weil der Meister sich einen Stammhalter gewünscht hat.

Ja jaaaa . . . sagen da die Männer, so ist's nun mal im Leben: Auch wenn's manche immer wieder probieren, Männer kriegen nun mal keine Kinder!

Jedenfalls wissen die Frauen genau, was sie an Männern haben, die auf die Wunderformel »Sei ein Mann« parieren. Ein kleiner Hinweis darauf, daß sie doch das »schwache Geschlecht« seien, birgt raffinierterweise auch die freiwillige Aussage, daß der Mann zum »starken Geschlecht« gehört. Daß aber die Frauen durch diese verbale Unterwerfung meist die psychisch-physische Unterwerfung des Mannes erreichen, gehört zu den großen Geheimnissen der Menschheit (ein Geheimnis, das wir, lieber Leser an dieser Stelle leider auch nicht klären können).

Stärker zu sein als der andere, das erzeugt meist Gefühle der Lust. Logischerweise müßte es also eine Lust sein, zum »starken Geschlecht« zu gehören. Wenn nur nicht ständig dieser Streß wäre, das auch noch beweisen zu müssen!!!

Faßt euch also ein Herz, ihr Männer!!! Seit vielen Generationen wurden wir auf die falsche Fährte gesetzt!

Emanzipiert euch!

Sonst ist das Mann-Sein keine Lust, sondern eine Last!

Der Selektionstrip

Hand aufs Herz: Ist's nicht furchbar? Da gehen Sie früh wie üblich aus dem Haus, jung, dynamisch, aufbaufähig . . . also so, wie Sie sich selbst gerne hätten. An einem Tag, an dem Sie Helden zeugen könnten, springlebendig sind und putzmunter.

Doch dann passiert's, von einer Sekunde auf die andere. Nur ein einziger Blick in die falsche Richtung – und dann im Gehirn ein »Klick«! Aus! Vorbei!

Auf einen Schlag wird der Mund trocken, die Hände werden feucht. Der Atem stockt, das Herz beginnt zu hämmern. Bei manchen wallt's im Darm – oder auch darunter. Gleichzeitig sträuben sich alle Haare. Die Ohren beginnen zu glühen, und Sie wissen gar nicht mehr, wohin eigentlich mit Ihren Händen . . . Stimmen hören Sie wie durch Watte, rosarot färbt sich die einst bunte Welt.

Nur lerngeile Medizinstudenten in Prüfungsangst würden jetzt auf einen komplizierten Kreislaufzusammenbruch mit Farbflimmerskotom und blitzartig verlaufenden Alzheimerschen Gedächtnisschwund tippen. Alte Münchner Bürger dagegen würden sagen: »Jo mei, hamma heit wieada an Föhn!«, skeptische Friesen was von »Tütteligkeit« murmeln.

Die rüde Wahrheit aber ist: Es hat Sie erwischt! Ein glatter Blattschuß! Es ist dabei völlig wurscht, ob nun diese eine Handbewegung schuld war, dieser helle Klang der Stimme, dieses Blau der Augen oder weiß der Teufel was . . . egal!

Sie haben sich verliebt!

Vielleicht hilft Ihnen jetzt noch ein kurzes Stoßgebet wie: »O Ortega y Gasset, der du die Verliebtheit als Zeichen der Geistesverwirrtheit erkannt hast, erbarme dich meiner!«

Schließlich droht Ihnen nun alles, wirklich alles Mögliche: daß Sie ab sofort Fußball ätzend finden, Parfüm aber gut; sinnlos neue Socken, Schlipse (!), Hemden, Hosen, Bücher, Theaterkarten, Blumen, Fotoalben kaufen, sich ständig die Zähne putzen, Kaugummi kauen, die Freunde versetzen. Oder daß Ihre Mark, wundersam an der freien Marktwirtschaft vorbei, auf fünfzig Pfennig abgewertet wird – oder auf noch weniger.

Es ist unglaublich: Da wächst so ein Mann auf, trainiert Geist und Körper, strampelt die Karriereleiter hoch, scheffelt Geld und ist froher Dinge – und plötzlich scheint er wie umgepolt!

Durch einen Zufallstreffer. Wie in der Lotterie.

Eigentlich unmöglich, finden Sie nicht auch? Ein Spielball des Schicksals zu sein, einer Laune des Zufalls zu gehorchen – oder auch nur niederster Knecht der eigenen Hormonlage zu werden.

»Unwürdig« ist da das rechte Wort, oder?

Da ist Vorbeugung die einzig richtige Entscheidung: Nur die geplante Partnerwahl minimiert das Risiko, daß man eines Tages ernüchtert um sich schaut und sagt: »Auweia«. Oder: »Herrgottsäckle!« Oder was Schlimmeres.

Ehrlich: Es gibt dann Momente, da ist nicht nur ein Macho, sondern jeder ganz normale Mann echt unglücklich. Beispielsweise, wenn er so vor sich hingejobbt hat und plötzlich erkennt, daß er den falschen Beruf hat! Doch die Steigerung ist noch viel schrecklicher: Hingeschmettert, kreuzunglücklich ist er dann, wenn er zum falschen Beruf die falsche Frau gewählt hat! Da hilft es nicht, daß er Abend für Abend ein 0,2-Liter-Trösterchen nach dem anderen schluckt. Mit dem Bewußtsein, daß es Millionen anderen Männern auch so geht. Doch sein Problem ist individuell und unteilbar, genauso wie der morgent liche Kater. Von der Meinung, die seine eigene Frau dazu äußert, mal ganz abgesehen . . .

Und dann sitzt er wie üblich völlig apathisch am Morgentisch. Ohne Zeitung, weil die wieder mal geklaut wurde. Dann greint im Morgenradio dieser eine Sänger, er wär »reif für die Insel« – tja, dann ist es wieder mal soweit, dann birgt manch einer sein Haupt in seinen beiden Händen. Verdünnt den Morgenkaffee mit heimlichen Tränen. Motto: Männer schluchzen heimlich . . . Jeder popelige Psychotherapeut hätte überwältigende Therapie-Ergebnisse, wenn er sich zu dieser frühen Morgenstunde zu Hausbesuchen bequemen würde! Doch diese Chancen gehen ungenutzt vorbei: Die verdammten Uhren signalisieren unbarmherzig, daß jede weitere Minute der Unentschlossenheit den Chef noch saurer macht . . .

Na ja – und dann fallen sie wie üblich hektisch aus dem Haus, diese armen, armen Männer, und sausen los, die kleinen Brötchen zu backen.

Klar, daß sie überlegen, was sie wann wie hätten anders machen sollen. Den Beruf, den könnte man notfalls wechseln . . . Neu lernen, die Schulbank drücken, bei Null anfangen. Mal ganz kurz treten. Aber dann hat man ja das Gemaule der Freunde mit den unterschiedlichen Berufen im Ohr: Schriftsteller bist du, toll! Hach, möcht' ich auch sein. Bezahlt herumspinnen, 'n bißchen schreiben, und dann kommt so'n Lektor, wirft sich flehentlich vor dir nieder und fragt, ob er dir nicht noch'n Kreativurlaub zahlen darf . . .

Ach, welch mühsamer Scherz! Schließlich weiß doch jeder, daß fast alle über ihren Job motzen, selbst Spione, Flugkapitäne oder Millionäre!

Tja. Zur Frust-Besänftigung macht so mancher das Kreuzzeichen, sogar mehrmals. Und zwar auf dem Lottoschein. Ist's auch Schwachsinn, man tippt dann mit System. Als Mann ist man schließlich logisch.

Ja ja, das Partnerproblem! Besonders beim heimlichen Rechtsanwaltsbesuch bewahrheitet sich, daß nicht nur guter Rat teuer ist. Auch die Lösung, besonders die Loslösung.

Ach ja . . . hätte man es nur anders angefangen! Wie konnte man nur solche Fehler machen!

Doch wenn man seinen Zeitgenossen genau beobachtet, ist man komplett baff! Denn die Typen, die gerade solo sind, hecheln immer kritikloser nach einem Partner; diejenigen, die versorgt sind, äugen immer massiver nach neuen Chancen. Die drinnen sind, wollen raus, die draußen sind, wollen rein: der reinste Terror in unserer Konsumgesellschaft!

Die wenigsten blicken durch. Es wimmelt geradezu von ratlosen Leidensgenossen! Das weiß man; schließlich erzählen sich völlig Unbekannte an der Bar die intimsten Probleme. Allergrößte Vorsicht aber ist angesagt, wenn da so einer wie blind dahertappt und verdächtig blöde und grundlos grinst. Gnade ihm, wenn er bekennt, daß er gerade frisch verliebt ist!

Jaaaa, nicht daß sie neidig wären, diese männlichen Gewohnheitstiere! Nicht, daß sie dem einen sein Glück nicht gönnen würden. Nein: Jetzt endlich haben sie die Chance, zur Rettung dieses armen Wichtes aus dem reichen Schatz ihrer Erfahrungen ihre Erkenntnisse unentgeltlich zu verteilen: »Darum prüfe, wer sich ewig bindet, ob sich nicht noch was Besseres findet«, »Kurzfristig ein Rittmeister, langfristig ein Zahlmeister!«, »Solange ich noch zwei gesunde Hände hab', kommt mir keine Frau ins Haus!« oder auch: »Verliebe dich oft, verlobe dich selten, heirate nie!«

Ein Menu, das macht 36,80, der Herr
Für die Stunde Putzen nehm ich 15 Mark.
Ich will für's Babysitten 10 Mark plus Fahrgeld
Pro Hemd kostet Waschen und Bügeln 7 Mark.
Charmante Gesellschafterin für Konversation jeder Art DM 50,- pro Stunde..
Mit allem Drum und Dran Hundertfuffzig.
Was hältstu davon, wenn wir es doch noch mal miteinander versuchen?

Das also, liebe(r) Leser(in), ist die traurige Wirklichkeit. Echte Machos freilich ficht das nicht an: Sie sind aus anderem Holz geschnitzt! Selbst bei der Info-Börse (Theke im »Grünen Baum«) wird sich ganz anders unterhalten, viel cooler! Nach dem Motto: »Gefahr erkannt, Gefahr gebannt«. Üblich ist der Austausch der letzten Abenteuer. Das läuft dann ungefähr so ab:

Rolf lehnt an der Theke, schwere Lider, aber noch locker die Zunge: »Steh' ich vor dem Hörsaal, mitten im Gewühl. Pirscht sich die kleine Schwarze an mich ran, hab's zuerst gar nicht richtig gemerkt. Und dann schubst sie mich, so . . . so von der Seite. Und schaut mich an, wahnsinnig intensiv. Und dann nutzt sie das Gedrängel schamlos aus. Und sagt dann frech: ›Drücken sie doch nicht so!‹ Mir blieb fast die Luft weg! So 'ne Frechheit!«

»Und?«

»Klar, bin einfach weggegangen. Da fall' ich doch nicht darauf rein! «

»Cool!«, sagte dann der andere bewundernd: »Weiß' nicht, ob ich das so cool hätte bringen können!«

Fortgeschrittene Machos dagegen machen es ganz anders. Eine Frau muß kein Feind sein, sondern kann sich als Ergänzung des Selbst herausstellen. Doch wie bei der Lotterie sich nach dem Zufallsprinzip ständig in der U-Bahn, der Uni, in Cafés oder bei Demos eng an irgendwelchen Tussies herumzudrücken, das frißt nur Zeit, Geld, Nerven.

Da geht man lieber nach dem Selektionsprinzip vor! Das ist so genial einfach, daß es jeder wie das Dreisatz-Rechnen sofort kapiert. Beispiele dazu:

Sie lieben Fußball. Fußbälle gibt es auf dem Fußballplatz. Entschluß: Sie gehen genau dorthin!

Sie lieben Steaks. Die gibt's fertig im Steakhouse. Deswegen gehen Sie dorthin und nicht in die Käserei.

Verstanden?

Dieses einleuchtende Muster können manche Männer direkt auf das Partnerproblem übertragen.

Beispiel Rolf: Er liebt gutaussehende Frauen, die selbst ihr Geld verdienen, ihn nicht kontrollieren, was er ab und zu so treibt, und die auch noch in seinem Fremdsprachenbüro ab und zu aushelfen können. Würde er so ein seltenes Exemplar auf dem freien Markt suchen, wäre dies eine Vergeudung von Zeit, Geld und guter Laune. Kurzum: Seine Zielgruppe sind Stewardessen, speziell auf Langstrecken.

Unternehmer sprechen hier von planerischer Kreativität: Die grobe Selektion haben bereits Profis getroffen. Macho Rolf braucht sich nur noch um die Feinabstimmung kümmern.

Er spart Zeit, Geld und Nerven.

Auch Hans hatte den Bogen raus. Sein Kriterium waren die Berge. Er lockte mit würziger Luft, sauberem Wasser, glücklichen Kühen und Alpenglühn.

Und einem leichten Gipfelglück auf der Gamsspitze. Eine leichte Tour. Schwierigkeitsgrad eins, mit einer Laufstrecke von etwa fünf Stunden. Laut Führer-Anweisung.

Was hat Hans nicht alles mit dieser Strecke erreicht! Erstens war die Entfernung genormt. Am Ende stand eine Berghütte. Auch die Steigung blieb immer gleich. Auch waren die Investitionskosten für diesen Test gering, denn immer gab es den schlichten

schwarzen Tee aus der Feldflasche, immer das gleiche Schmalzbrot, immer die gleiche Schokolade.

Und da gab es vergleichbare Ergebnisse! Die blonde Gabi: 6 h, 32 min, nach drei Kilometern die erste Rast. Vroni, das Naturmädchen: 4 h, 58 min, gut in der Zeit. Redete aber zuviel. Heidrun, mittlere Katastrophe; 8 h, 23 min, Pusten nach 2 km; Geflenne nach 3 km; Rucksack-Übernahme nach 4 km; Bergwacht nach 5 km. Steffi: nach 2 km verweigert; Rücktransport.

Hans testete und testete und blickte durch. Als ordentliches Mitglied im Alpenverein führte er korrekt seine Gipfelbücher, Jahr um Jahr. Als ordentlicher Macho führte er sein Testbuch, Frau um Frau.

Sicher, es gab vereinzelt Partnerschaften. Kurzfristige. Denn nach dem ersten Testberg stiegen natürlich die Anforderungen. Und die Teststrecken. Immer wieder in den langen Testjahren berichtete er uns bekümmert, daß die Helga oder die Uli eigentlich ziemlich weit gekommen seien . . . aber dann, dann hätte es doch nicht geklappt.

Tja, das harte Los der Objektivität: Was will man als Mann schon gegen nüchterne Zahlen machen?

Doch eines Tages, da war er plötzlich mit Karla verheiratet. Einfach so. Lehnte ab, uns, seinen Freunden, die Gründe anzugeben. Ging auch nicht mehr in die Berge. Recht so, nickten wir, volles Verständnis! Wer sich beispielsweise für einen bestimmten Wagentyp entschieden hat, wird nicht mehr den Vormodellen nachtrauern. Toller Typ, der Hans, der hat's schon richtig gemacht!

Dachten wir. Bis eines Tages die Karla uns ihr Herz ausschüttete: Sie würde ja so gern mal raus aus der Stadt, in die Berge: »Aber das ist ja nichts mehr für den Hans! Wenn ich bloß an unsere erste Tour zur Gamsspitze denke! Schlappgemacht hat er, schon nach der halben Strecke!«

Auf ein Wort, lieber Macho!

Hand aufs Herz: War's schlimm?
Zu erkennen, daß auch der Macho nur ein Mann ist – und manchmal auch ein schwacher? Haaalt – kein Einspruch bitte!!!
Im Grundsätzlichen sind wir uns doch einig:
Dem Edlen am Machotum, worauf wir echten Machos stolz sind, ist nur mit erhabenen Dichterworten beizukommen:

Männerstolz, wenn Lästrer schreien
Wahrheit, wenn Despoten dräuen
Seelenkraft im Mißgeschick!

Hach! Ist das vielleicht nichts???
Da hat der alte Hölderlin doch wieder voll ins Schwarze getroffen! Wer da keine Gänsehaut kriegt, der ist kein Macho, wird nie einer werden und hat wohl das Buch völlig umsonst gelesen!
Denn wenn wir uns auch bei der einen und der anderen Geschichte ganz schön ans Schienbein geschlagen haben, was manchmal durchaus schmerzhaft war – tief im Herzen wissen wir, daß die echten Machos ja doch zu den Besten ihrer Art gehören.
Das ist letztlich der ausschlaggebende Grund, sich für die Renaissance des Machotums zu engagieren! Des richtigen, des ritterlichen wohlgemerkt: wo edle Einfalt und stille Größe walten.
So sei er gewagt, der Appell an alle einsichtigen Frauen:

HELFT DEN ECHTEN MACHOS – LASST LEBEN SIE UND WIRKEN!

Zugegeben: Es ist schwierig, die förderungswürdigen, echten Edelmachos unter den nassauernden Pseudos herauszufinden!
Außerdem sind die Grenzen zwischen Prolo-Machos, Müsli-Machos, Softie-Machos, Yuppie-Machos und anderen Mischformen fließend. Zusätzlich sind auf dem langen Weg zum Gruftie Um-, Ver-, Rück- und Anwandlungen in alle anderen Richtungen möglich, wobei auch die jeweilige Tagesform entscheidet!
Auch die härtesten Macho-Spezialisten stehen oft vor einem Rätsel. Bequemes Schub laden-Denken und Vorurteile helfen also auch beim Macho nicht weiter.
Dabei ist es doch für alle so lohnend, die wertvollen Exemplare der Machos ausfindig zu machen.
Denn jeder weiß: Ein Macho ist zu außerordentlich intensiver Liebe fähig. Wenn auch in erster Linie zur Selbstliebe. Doch mit der richtigen Motivation wird er dazu gebracht, sie generös an seine Umwelt abzugeben – wie es eben nur ein echter Macho fertigbringen kann.
Was für ein Glück für alle. Schließlich ist »Liebe die einzige Investition, bei der die Zinsen höher sind als das Kapital«!

RETTET ALSO DIE ECHTEN MACHOS! VIELE SIND BESSER ALS IHR RUF!

Inhalt

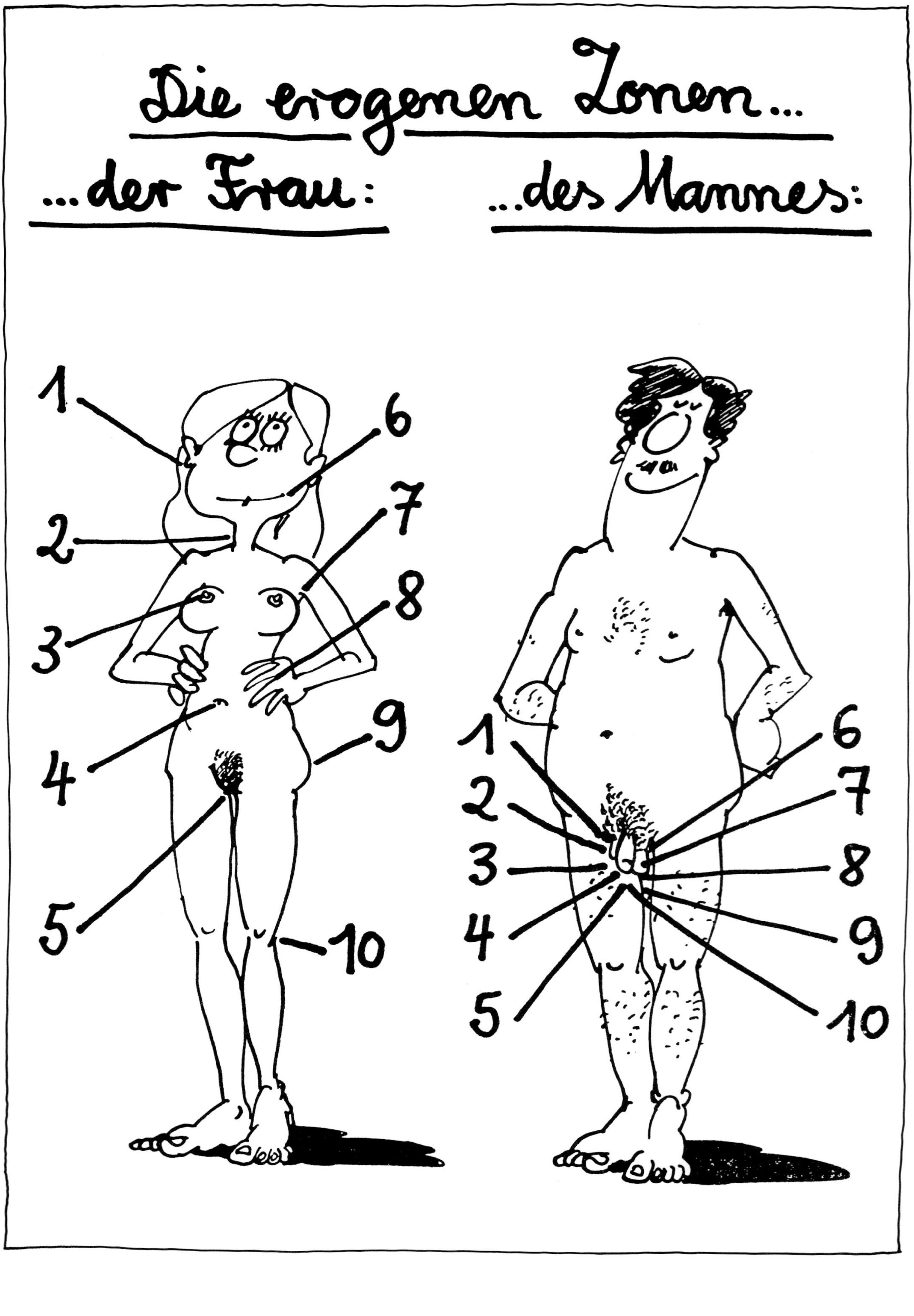
Die erogenen Zonen...
...der Frau:
...des Mannes:
1
2
3
4
5
6
7
8
9
10
1
2
3
4
5
6
7
8
9
10